U0073125

正念

75則日常禪定訓練

練習

專文推薦

◎ 維持打坐靜心超過兩年半，從毛躁到安定，從時不我與到感激，唯有專注回到自己才能真正重新體驗與感受自己。記得從書中挑選幾個有共鳴的方法去練習，相信我！這將會帶給你最意想不到的收穫和寶藏，而你就是自己最大的投資方。
　　　　　　　　　　　　──歌手、自由創作者／小球（莊鵑瑛）

◎ 讓自己每分每秒處在當下確實不易，我們卻可以透過持續練習更靠近並待在當下更久。瑜伽療癒的精神即是落實於日常生活，本書提供的 75 項動靜覺察練習，完整地培養我們在生活中正念行動的能力。　　──瑜伽療癒師／王旭亞

◎ 從上癮者蛻變成為禪修導師，作者從自身體驗出發，以最貼近每個人的生命經驗與掙扎需求策劃本書，一個個最精簡實用的正念練習方法，陪伴你我一步步走在正念路上，重新找回生命的選擇權與自由。
　　　　　　　　　　──「真實瑜伽」身心覺察引導師／王佳真

◎ 在這快速、紛擾、變動的生活與工作中，我們總是庸庸碌碌，匆匆忙忙。負面情緒往往不請自來，讓自己亂了步伐。是該暫時停歇，好好關照，每個當下。透過書中的指引，專注的體驗與感受，思緒的清明，以獲得內心的寧靜。

——王意中心理治療所 所長、臨床心理師／王意中

◎ 這是本關於由淺到深、種類豐富，帶有細膩步驟的正念練習，讓我們能輕易地找到適合自己現階段練習的方法，滋養我們的身心。當我們開始觀察呼吸，就能留意到念頭，覺察內在真正的想法，練習用更高的角度去看每一件事，培養境隨心轉的能力，允許生命如其所是，進而做自己生命的主人。

——《Mantra 梵唱聽出好心情》系列專輯＆心靈音樂家／
Kamini 卡蜜尼

◎ 雖然正念最源頭為佛陀教導脫苦轉樂的八正道之一，近年來經過西方文化的轉化，它不再冷冰冰反而更具人性。作者將多年對正念的體悟與實修，融入日常生活中，將它轉變為易操作的自我觀照法，只要依照此書 75 則的正念實踐練習，你已經踏在這一條靈性修行之路。

——「我在人間系列」作家、靈修、瑜伽士／宇色

◎ 在無數正念書籍中，我向正念初學者與實踐者特別薦這本書，在這本書，你會學習到實用且扎實的練習，每個練習只需 5 到 20 分鐘，我們就能感受到正念帶來的身心益處。

—— 《366 正念卡》作者／李怡如 Sangeeta

◎ 正念靜心所培育的自我觀照能力，是智慧與慈悲的入門。對所有的發生，只看見、不批判，我們便能綜觀全局，進入全然接納的狀態。於是，我們能少一點執著，多一些喜悅與寧靜，並且有一種淡然且持久的愛興起。我受益於靜心許多，也邀請讀者能一起感受。

—— 臨床心理師／洪仲清

◎ 靜坐是一段深入內在的旅程，認識自己，並與外在世界和諧共處。透過馬修・索科洛夫深入淺出的導航，讀者能輕易掌握正念練習的要領，自在穿梭於生命的不同情境，澆灌覺知的種子，從而懷抱清明、智慧與慈悲之心，坦然接受生命的苦與樂，享受活在當下的美好。

—— 瑜伽老師、作家／張以昕（Phoebe Chang）

◎ 心理學常有的老問題就是「只」觀照我們的心，但正念療
法卻結合了東方的禪修傳統，從身體層面關照我們整個人
的「全部」。你或許讀過很多跟正念有關的書了，但這本
毋庸置疑寫得最好。運用四大元素依序檢查你的身體狀態，
觀照路人，並向周遭丟出慈悲炸彈。在各種念頭煩惱著你
時，唸出眼前所見的五樣東西，說出耳朵聽見的三種不同
聲音。如實地活在當下，活在此地。現在，就用這本小書
一起加入千年來的自我照顧之路。

──《故事裡的心理學》作者、諮商心理師／鐘穎

（依姓氏筆畫排序）

第一篇　基礎正念練習

第二篇　日常生活中的正念

第三篇　以正念面對痛苦情緒

序言

　　隨著正念與禪修冥想練習逐漸成為主流，愈來愈多人正在積極尋求能夠把這些工具融入到日常生活中的方法。不過，市面上現有的書籍，大多著重於探討為什麼要修練正念覺察，包括提供科學證據來說明修習正念的好處等等，這些資訊對於初次接觸正念練習的新手，其實並無真正助益。多數初學者共同關切的問題是：如何可以不讓自己的念頭散亂紛飛？如果鼻子癢的時候想要抓，該怎麼辦？到底該怎麼做、處於什麼狀態才算「正確」？

　　雖然市面上現有的實修指南還是不少，但都不夠深入（而且坦白講，讀起來都不夠有趣）。在這本書中，我汲取了個人傳統實修訓練，以及多年指導學生的經驗，創建出一套實用又簡單的方法，同時兼顧不同性格、不同生活背景的人的需要，讓大家可以依據自己的情況來修習正念。

　　成年後我第一次參加靜坐冥想課程時，非常驚訝整間教室的氣氛居然可以讓自己那麼放鬆。十八歲那年，我因染上毒癮感到非常痛苦，然後發現有一群人，他們身上散發出一種平靜

接納的氣息，完全是我現實中無法想像的。那時的我，無時無刻不處在壓力、混亂、痛苦當中；我其實不知道自己想要追求什麼，只知道我想跟這些人一樣那麼輕鬆。

　　一年之後，我戒了毒，一頭栽進禪修冥想與正念練習的世界。我參加一個在地的靜坐社團，開始去了解是什麼原因造成我的痛苦。跟所有人一樣，我的人生有過許多悲慘的經歷。有些是我自己的行為造成的；有些則不是我自己所能掌控。那時我第一次深刻領悟到，我對於這些人生經歷的「反應」，所帶給我的痛苦，事實上比那個經歷本身還要巨大。

　　往後數年，打坐冥想在我生活中的比重愈來愈大。十九歲時我在南加州，身上沒什麼錢，所以只能參加那種隨喜樂捐的禪修課程。十天當中，我聽從指導練習靜坐，但卻感到力不從心、壓力極大。我每天都在掙扎要不要提前離開，每天都在跟我的心靈與身體的不舒服狀態奮戰，非常難受。

　　但是當課程結束，我立刻預訂了數個月之後的另一場禪修課。雖然我從來沒親身見證過什麼「白光」，但好像有個東西一直在拉著我持續練習靜坐。從那時起，我每年都會參加好幾場禪修，短則七天、長則四星期不等。

　　紀律從來不是我的強項。我花了很大的努力才讓自己能夠規律練習靜坐冥想，日積月累後，我發現禪定練習的好處開始出現在我的日常生活中。當然啦，憤怒、焦慮，以及苛刻的言語還是會有，但我發現自己開始能夠帶著覺知和耐性來面對這些經驗，而不再感到挫折和痛苦。雖然還是會有不愉快的情

緒，但已經不會強烈想要逃開這些不愉快的情境和念頭。

二〇一四年，我有機會在加州聖塔莫尼卡「對抗主流禪修中心」(Against the Stream) 帶領幾個冥想團體，包括週日小組以及青少年小組。二〇一五年，我的兩位指導老師推薦我到「靈石靜心中心」(Spirit Rock Meditation Center) 教導禪修冥想，這是西方幾個最受人敬仰的禪修中心之一。我因此有機會和多位優秀的老師共事，精進我自己的修練，並且學習探索帶領冥想團體的意義。

二〇一七年，我創辦「一心佛法禪修中心」(One Mind Dharma meditation center)，心裡只有一個目標：提供一個安全且充滿支持的空間環境，讓任何人都能來到這裡探索自己的內在經歷。至今，這個目標大部分已達成，來到這裡的人都秉持著開放與真誠之心，而我作為這個團體的領導者角色，大大幫助了我自己的修行。

在我開始修行之初，我並不十分明白到底是什麼東西一直在推動我，只隱約意識到自己一直活得不愉快。我不斷在跟我的每一個念頭奮戰、抗拒我的所有情緒、執著於過去、擔憂未來。我並不是真的知道自己有什麼需要改變，但內心卻深深相信，我一定可以活得更好。

跟你一樣，我也是人。我不可能每天時時刻刻都保持正念。我的頭腦會自動運轉；我會擔心憂慮；我會挫折沮喪。現在，我的修練是去觀照這些經驗，同時提醒自己，要如何回應這些經驗，我是有選擇權的。在還未學習正念覺察之前，我的

回應都是被本能和習慣所驅使。但是當我的覺知力逐漸培養出來，我就愈不容易被頭腦雜念和情緒所奴役。我開始能夠採取主動，按下暫停鍵，讓自己冷靜下來，帶著自信和輕鬆的心情去面對壓力情境。從某個意義上來說，正念練習讓我重獲自由意志。

　　我內心真正的動機是，希望我提供的實修方法能夠適用於每一個想要追求不同生活方式、讓自己活得更健康的人。這些年，我親眼見到各行各業的人紛紛來學習正念，藉以幫助他們克服焦慮、悲傷，以及身體上的疼痛。不管這些人來學習正念的動機是什麼，他們跟我都擁有一個相同目標，就是——找到一種更健康的方式，讓自己成為一個真正的人。

　　在我還是初學者時，我讀過的書籍、遇見過的老師、上過的課程，都給過我入門的指引藍圖。沒有這些資源，我可能得花更長的時間才能讓自己踏上規律修行之路。我希望你們能夠把這本書當作你們自己初入門的指引藍圖。我無法給你們一把祕密鑰匙，讓你們馬上進入正念的更深境界；你的功課在於抱持好奇心、反思之心，當然，還要一點點的努力。

　　只要有一點點的入門方向，我們每一個人都有潛能可以活得更輕鬆、更自在。或許這本書所提供的修練方法，可以給你一條路，讓你的生命重新獲得自由。

正念 101

　　十四歲那年，我父親給我一本書，叫做《正念的奇蹟》(The Miracle of Mindfulness)，作者是一行禪師 (Thich Nhat Hanh)。那時我因為躁鬱症和毒癮而痛苦萬分，這本書裡有簡單介紹修習正念的方法，我父親覺得可能會對我有幫助。於是我先讀了幾頁，也跟著練習，馬上被正念覺察的美妙和單純所吸引。後來逐一仔細讀完每一章節，對於「正念」的概念也有了完整的了解。閱讀為我引介了這條路，但我從來沒有真正照著書上提供的方法去實踐，我假想，書上的那些原理應該會奇蹟般地自動融入我的日常生活中吧。直到數年前，我開始身體力行，才真正見證書中所描寫的實修利益。

　　我發現，生活中要保持正念，需要很多的實修練習，你將來一定也會有相同體會。一開始你絕對不可能做到百分之百的覺知和專注。首先，你必須先去了解，你在做什麼、為什麼你要練習正念，以及如何進入真正的實修。當你學到方法，盡可能試著把它們運用到每一天的生活當中。

正念的培養需要靠實踐。它需要自我觀照。

世界各地的人們都發現到，正念是一項有效的工具，可以幫助克服焦慮、憤怒、悲傷，以及各種人生困境難題。這項古老的修行法門已存在數千年，比起以往，現代人有更多管道可以接觸到它。隨著時間演變，我們愈來愈了解為什麼要修習正念，以及正念如何影響人類的大腦運作。藉由了解什麼是正念、它如何為我們的生活帶來真實助益，以及如何開始修習正念，你就等於為日後深入自我覺知與成長打下了良好的基礎。

活在當下每一刻

你們之前都聽過「正念」（mindfulness）；也許是在雜誌封面看到、在健身課堂上聽到，或是被各行各業的高階領導人譽為提高生產力的有效工具。然而，當正念練習逐漸成為主流，「正念」這個詞的真正含義也被模糊掉了。大家都被鼓勵要「正念」，或是「活在當下」，但它真正的意思到底是什麼呢？

正念經常被簡單描述為「活在當下」。這只不過是正念覺察法門的其中一個面向而已。安住於當下是很重要的一環——它是把你的注意力帶到此時此刻正在發生的事，無論是一個念頭、一個負面情緒、一項工作任務，或是一個呼吸的出入息——但它只是修習正念的第一步而已。當你限制了正念的定義，認為它就只是活在當下，等於忽略了其他的重要面向。

當你跟著本書的內容練習時，會發現「正念覺察練習」(mindfulness practice) 和「禪修冥想」(meditation) 這兩個詞彙有時會交替使用。如果你從來沒有靜坐的經驗，可能會對「禪修冥想」這個概念感到害怕。但如果你把它理解成所謂的禪修冥想就是：任何時候都一心專注於你正在進行的事情上，這樣可能會對你比較有幫助。所以它可以在你靜靜坐著的時候，也可以在你洗碗時進行。請記得，正念練習不是只在蒲團坐墊上，而是將一心專注的功夫融入你日常生活的行住坐臥中。

如果說得更完整一點，正念就是帶著清明、智慧，以及慈悲之心活在當下。如果你帶著批判和憤怒的意識來面對當下每一刻，這樣真的對自己有幫助嗎？為了建立更健康、更有實際助益的正念練習，培養不同的行為方式、心態，以及技巧是必要的。

當你逐漸深入正念練習，可能會發現到自己前所未知的優點，當然，也會看到自己還需要成長的地方。我把這些尚可成長的空間稱為「成長邊緣」(growing edges)。不要為這些地帶感到灰心，每個人都有。承認它們、深入去探究它們，你就能成長。每一個「成長邊緣」都是幫助你化解生活壓力和不愉快的機會。

正念練習的九個面向

你會看到這裡，表示你已經決心要開始探究正念。這是很有力的一步，應該得到承認和讚賞。給自己拍拍手鼓勵一下喔。

認識正念練習之前，我們先來看一下，正念練習可以讓我們培養出什麼樣不同的能力。

◆ 全然活在當下。這是正念覺察最為人熟知的基礎部分，但就算最基礎，還是得花時間去養成。練習的過程當中，你可能得不斷重複把心念喚回到當下。持續訓練你的頭腦心念，專注於當下，你會發現自己愈來愈自然能夠安住於當下。

◆ 清明覺識。這個面向的正念也許可以把它理解成：對自己當下的經驗有所覺識。當痛苦的感受升起時，你有能力辨識出那是痛苦的感受。當焦慮現前，你能夠認識到那是焦慮。這是在培養你清楚看見自己當下經驗的智慧。

◆ 放下批判。你可能會發現，你的頭腦心念正在為某個東西（比如某個感受、某個念頭）貼標籤，判定它的好壞、對錯、正向或負向。在正念練習中，你可以放下這類的價值判斷。當判斷之心升起，你可以提醒自己，不需要相信它。接受當下你頭腦當中出現的一切，包括任何你「喜歡」或「不喜歡」的情緒感受。

◆ 寧靜之心。寧靜是能夠讓自己保持在平衡狀態的一種心性品質，特別是在面對艱難處境的時候。無論事情是輕

鬆還是困難，你都可以用同一種能量和力量來面對它。這樣，你就能在內心建立起彈力韌性，學會以平靜和穩定的心度過各種難關。

◆ 讓萬物各安其位。生命包含了各式各樣不同的經驗，而你可能會發現，你對於某些經驗比較歡迎，同時對其他經驗比較排斥。英國僧人阿姜.蘇美多 (Ajahn Sumedho) 經常告訴他的學生，「萬物各安其位」(Everything belongs)。保持正念，你不需要排斥任何念頭、情緒，或是經驗。觀照內心升起的一切，給不舒服的時刻一個空間。

◆ 培養初見之心。當你學習某些新東西，請帶著好奇和渴望了解的心去接觸它。當你對周遭世界逐漸熟悉，你可能會掉進「自動運轉」的陷阱裡，認為自己真的知道事情是怎麼運作的，認定自己知道自己在做什麼。如果希望正念練習能夠真正幫助到你，培養初學者之心是必要的，把自己當成是第一次看見那些經驗、那些事情，一切有如初見，以這樣的心情來觀察所發生的事物。對新的可能性保持開放，然後注意觀察什麼情境下你的心會開始關閉起來。

◆ 保持耐心。大多數學習正念和禪修冥想的人心裡都有設定一個目標。他們想要化解焦慮、應對日常壓力，或是學習處理憤怒情緒等等。帶著意圖沒有問題，但記得，要保持耐心；執著於一定要有什麼樣的結果，反而會阻礙你進步。耐心是建立在你對實修練習有信心、對你的老師有信心、對你自己有信心。把意念放在心裡，並記住，成長需要時間。

正念減壓

　　根據近期針對正念效益所做的研究，心理學家和臨床醫師把正念的概念納入到實務當中的比例有升高的趨勢。一九七〇年代晚期，麻薩諸塞大學醫學院教授喬·卡巴金 (Jon Kabat-Zinn) 開設正念減壓課程計畫 (Mindfulness-Based Stress Reduction，簡稱 MBSR)。正念覺察減壓是一種結合現代科學，以正念覺察為基礎的禪定練習，它提供了多種減壓方法，協助人們處理憂鬱和焦慮，還有身體上的疼痛。三十年來，正念減壓已經成為廣為世人所知的課程，有數千名指導教師和課程在世界各地推廣。

　　一九九〇年代，由認知行為治療 (Cognitive Behavioral Therapy，簡稱 CBT) 發展出的「正念認知治療法」(Mindfulness-Based Cognitive Therapy，簡稱 MBCT)，也開始運用正念來協助憂鬱症患者預防憂鬱復發，治療師運用的方法就是結合認知行為治療和正念練習，讓患者能夠對於批判、自我批評，以及反思有所覺察。

　　心理學家和心理治療師也發現，正念練習可以有效幫助各式各樣症狀的人。以正念預防復發的方法也被用來協助治療成癮症狀。正念干預療法也被證明可以有效處理創傷後壓力症候群 (PTSD)。禪定覺察訓練可以提升人們的心理幸福感。隨著研究範圍的擴大，我們也對於正念練習及其潛在效益有了更多的了解。正念練習對於臨床實務的效益，我們不過才剛開始抓到一些皮毛而已。

◆ 把你的念頭當朋友。正念不是要把你自己擊敗。仁慈之心是這個實修練習非常重要的一個部分——而且要從對自己仁慈開始。沒有仁慈之心，你可能會落入慣性反應，無法看清楚事情。修習正念時，要以溫柔之心去回應你眼前所經歷的一切。把你的念頭當成朋友，而非你的敵人。

◆ 尊重自己。你不需要將一切念頭都掃除，變成心如止水沒有雜念，或是成為一位慈悲大師才能開始修習正念。就從你現在的狀態開始，尊重自己目前這個狀態。這是實修，不是比賽。不會有人來給你評分，如果過程中你感到辛苦，也不代表你這個人或是你的念頭有什麼地方出錯。對自己真實，為自己的成長留出空間。

接下來要介紹的演練作業，都會提供你培養這些心性品質的實修方法。在整個實修過程中，你可以經常回顧這九個要素，看看你目前進展到哪裡，還有哪些空間要成長。

我第一次參加禪修冥想靜修會，一直被一個念頭困擾：*我心裡一直在判斷*。根據我受過的訓練，應該要去了解這個判斷升起的原因，而不是去批判自己升起判斷之念。我的靜坐指導老師建議，要練習以仁慈和諒解之心來面對我的念頭。而這對我剛好是一個很大的挑戰——諒解自己是我這輩子的艱難課題——但我下定決心要照他的話去做。往後數年當中，以溫柔和仁慈之心對待自己的心念，一直都是我修習正念的重心。

你也一定會在自己的實修 (和生活) 中遇到類似的困境。在你找出對自己最有效的方法之前，可能需要嘗試各種不同途徑。儘量讓自己保持開放，永遠要記得諒解自己，因為你不可能馬上得到答案。當你持續不斷修練，你會愈來愈深刻了解自己需要的是什麼。你會有能力憑直覺就知道什麼時候該回歸初學者之心、什麼時候要練習溫柔以對，還有什麼時候你已經失去平衡。

經科學實證的效益

十幾歲時，我曾經參加過一個靜坐小團體，聽到他們分享正念為他們生活帶來的好處。比如幫助他們克服恐慌、抑制忿怒，讓他們變得更慈悲等等。後來我跟他們交談，發現他們眼神中透露出的喜悅和清明是我無法否認的。

這是我個人生命和實修道路上一個重要的轉捩點。我親眼看到，正念是這些人能夠擁有自信與自在生命的根本原因。今天，我們很幸運，有一大堆臨床研究可以來支持這個論點。

正念的教導已經存在超過兩千年。全世界的人都在運用這個實修法門，發現到正念確實為個人帶來許多好處。我們活在一個令人興奮的時代——隨著上個世紀在科學研究證據上的大幅增長，許多世界頂尖的頭腦正在運用現代方法來證實正念覺察帶來的諸多效益。

修習正念的好處

臨床上運用腦部造影技術或大規模心理測驗，已經對正念做過許多研究。儘管這個研究領域相對來說比較新，研究團隊仍持續致力於找到確實證據，來驗證數世紀以來正念修習者所獲得的效益。許多研究發現，在修習正念數週後，人們的行為和腦部活動就產生了變化，正念基礎訓練計畫的參與者所得到的正向效果，甚至長達一年之久。

了解這些研究結果，不僅能夠讓你一開始就更有理由相信為什麼要修習正念，也能讓你看到修習正念之後你能獲得什麼好處。

◆ 減輕壓力感。二〇一〇年，有一個研究團隊分析了過去十年的研究結果，確認修習正念對於紓解焦慮和壓力非常有效。正念訓練計畫的參與者，無論先前是否有焦慮或壓力方面的相關症狀，都有相同效果。

◆ 改善記憶力和專注力。加州大學聖塔芭芭拉分校的研究發現，正念能夠幫助人們維持專注力，有效提升學習效果。該研究有一項令人振奮的發現，參與者參加正念練習僅僅兩個禮拜時間，心念散亂的情形就明顯減少了。

◆ 促進身體健康。正念練習對於身體帶來的好處，已有非常多紀錄。根據過去十年的研究發現，養成定時靜坐冥想的習慣，能夠幫助改善消化功能、增強免疫系統、降低血壓、幫助身體更快復元，以及緩解發炎症狀。正念並不只是照顧你的頭腦心念喔！

◆ 幫助睡眠。根據《哈佛健康雜誌》，研究顯示正念能夠幫助入眠，而且睡得更安穩。無論你是在一天當中的什麼時間進行，冥想練習都可以幫助入眠。

◆ 提升創意解決問題的能力。根據一九八二年的一項研究，研究人員發現，禪修冥想可以幫助人們提升創意，找到解決問題的方法。培養止息心念的能力，可以幫助你以新的方式思考問題、從不同的角度去審視問題，然後找到解決問題的有效方法。它的附帶效益是，可以幫助你應付家庭、工作，以及日常生活中的各種壓力。

◆ 較不會感到孤獨。孤獨感確實會影響身體健康。根據加州大學洛杉磯分校的一項研究，參與者經過八個禮拜的正念練習後，孤單寂寞感大大減低。無論這些人實際上是單獨一個人或身邊有很多朋友，結果都相同。除此之外，單獨一個人練習正念的人，內心的滿足感和連繫感也都得到提升。英國還曾經對孤獨問題進行過長時間的調查，二〇一八年一月，首相德蕾莎·梅伊 (Theresa May) 甚至任命了一位「孤獨部長」來協助解決這個問題。

◆ 提升自信。我們當中有很多人都有這個困擾。很多研究已經顯示，正念練習確實可以提升自信，無論你是何種文化背景。它可以幫助你改善對自己身體的觀感、提升自我價值感，對於自己這個人有基本程度的自信。

◆ 調整情緒穩定心情。雖然正念練習無法取代正規的臨床照護，但它確實能夠幫助我們調整情緒不穩的問題。假

如你目前有憂鬱、焦慮、情緒起伏不定的情形，正念練習也許可以在這些問題上幫助你。許多研究顯示，無論是否被診斷出這些情緒的病症，正念都能夠幫助人穩定情緒。

修習要點

修習正念，你並不需要在生活中特別或「額外」做什麼。起頭是最困難的，但一段時間之後，等你找到適合自己的方式，就能漸漸上手。練習的時候，注意一下什麼事情你覺得容易、自然、順暢，以及什麼事情讓你覺得不順和抗拒。

運用書上的練習，參考我給你的入門建議，還有你自己的領悟體會，來幫自己建立修習正念的習慣。根據我多年的教學經驗，我聽過很多種入門途徑，都大同小異，只依據個人適用情況而稍有不同。

以下就是你可以做的幾件事情，來幫助自己踏上正念練習之路。

建立習慣

剛開始練習靜坐冥想時，我真的覺得很困難；感覺像在做一件家務事。但是當我更規律去練習，慢慢就變成一種習慣。到後來甚至會開始期待正念練習的時間。當練習的效果開始出現在生活中，我對正念的信心和興趣也隨之增長，慢慢的，正

念練習就變得愈來愈容易，也愈來愈能享受其中。

正念練習對你的要求只有一個，就是你要真的去實踐，並加上一點點的努力。以下就是養成正念練習之習慣的幾個實踐要點：

◆ 設定禪修冥想的時間。如果你的工作忙碌、行程滿檔，可能很難找到時間來靜坐。根據我在世界各地教學的經驗，這幾乎是大家共同的挑戰，不過，你絕對有辦法找出時間來練習。關鍵就是，把正念練習當作一件你優先要做的事情。你可以比平常早起幾分鐘，或是設定好行事曆鬧鐘來提醒你下午要練習，這些都是方法。一開始不需要花 30 分鐘來冥想，只要 5 分鐘就夠了。

◆ 創造靜坐冥想的空間。你可能會覺得，要找一個適當的地方來練習有點困難。請記住，正念練習不管在哪裡都可以進行。不要執著於什麼地方「適當」、什麼地方「不適當」。當然，你也可以幫自己在家裡找一個安靜、可以完全放鬆的冥想專用空間。假如你工作的辦公室太吵，你也可以在自己的車上練習，然後再進入辦公室。也可以利用公共空間，像是海邊、公園、安靜的街道來練習，只要你覺得安心舒服就可以。

◆ 設定意圖。如果你心裡沒有任何動機意念，就不會讀這本書了。為什麼你會對正念這件事有興趣？無論你的答案是什麼，它都可以幫助你提醒自己內心更深層的學習

動機，讓自己始終保有練習的動力。

你的頭腦可能會試圖說服你不要繼續練習，或告訴你說你沒時間靜坐。如果你想要跟這些念頭奮戰，那是沒有用的。不要去抗拒這些念頭，只要把心念帶回你內在深層的動機就好。提醒自己什麼對你是重要的事情。

◆ 持續不間斷。這本書上的練習，會告訴你很多在日常生活中練習正念的方法。每天至少做一次練習，時時提醒自己練習的動機。養成練習的習慣可以幫助你有效訓練你的心念。當你能夠每天練習，你的習慣很快就能建立。就像你上健身房，如果你一個月去一次，可能無法很快看到成果，但假如你是一個禮拜去兩次，效果就比較能夠連續，你的體格很快就能變壯。正念也是一種需要持續累積的練習；愈能持續不斷訓練，你的心理肌肉就會變得更強壯。

◆ 找朋友一起練習。要持續養成一種新的習慣，周圍人的支持很重要。你可以問一下你的朋友或家人，願不願意跟你一起每天做一次正念練習。因為這樣你就會覺得對另一個人有責任，幫自己增加一點外在的動力，會很有幫助。此外，你也多了一個人可以相互討論練習的經驗，兩個人一起進步。

◆ 做筆記。找一本筆記本，專門用來記錄正念練習的過程點滴。每天練習之後，做一點簡單的記錄，比如：今天練習得如何？有沒有什麼新奇有趣的發現？有什麼感受

嗎？記錄自己的正念練習經驗，可以幫助你更清楚了解經驗的內容，再次重溫你所得到的領悟，也方便將來回顧。我到現在還會經常回去看我第一次練習靜坐時所做的筆記，我喜歡看自己這些年來到底有哪些進步。

「正念是單純覺察當下正在發生的事，不去期待它有所不同；享受當下的美好，當它改變時不要緊抓它不放（因為它一定會變）；跟當下的不愉快在一起，不要擔心它會永遠如此（因為它不會永遠如此）。」——詹姆士·巴拉茲（James Baraz），《覺醒的喜悅：踏上真實喜樂之道的十個步驟》

好好利用這本書

這本書會是你正念練習的指南，在你展開正念練習時提供你正確方向。我在這本書上介紹的每一個練習，都是我個人親身實踐的，也看到我的許多學生從這些練習當中獲益。你可能會發現，某些練習和概念對你來說比較有用，其他的相對效用不大。請保持開放的心，嘗試每一個練習，看看會有什麼結果。

書上的練習分為三大部分：基礎正念練習、日常生活中的正念、以正念面對痛苦情緒。每一篇都會由簡短簡單的練習開始，以此為基礎慢慢累積、漸次深入，練習的時間也會跟著加

長。我的建議是，每一篇都從頭開始做，等你熟練較簡單的練習之後，再進入下一個。

如果你是入門初學者，我建議你從「基礎正念練習」這一篇開始，無論你是不是特別關心哪個議題。這一篇的內容是所有正念練習的基礎，在你修習正念的過程中，都會反覆用到。

關於「禪修冥想」(meditation) 一詞：大多數人聽到這個詞，可能腦子裡馬上出現一個畫面，一位虔誠的瑜伽士靜靜坐著不動好幾個小時，頭腦完全放空。雖然打坐確實是正念練習裡面很重要的部分，但是我要強調，這本書上提到的每一個正念練習，也都是禪修冥想的一種形式，其中有很多並不需要你停下手邊正在做的事情、閉上眼睛靜坐。有一些是屬於提升專注力的練習，日常生活當中有很多工具都可以使用，也有很多是張開眼睛來做的練習。在日常生活中，結合運用「靜坐冥想」(formal meditation) 和「動中正念」(active mindfulness) 這兩大方法，你就能打下良好的基礎，領會到正念練習的豐富之處。

面對你的問題

正念和靜坐冥想幾乎對每一個人來說都是很有用的工具，不管你個人的問題是什麼，把這些練習跟你的實際生活結合起來，你就會看到正向成效。也就是說，你可以把焦點集中在某一個特定問題上去練習，這也是我把這本書區分成三大部分的主要原因。

如果你目前有某個困難的問題特別需要解決，請儘管跳到

與那些問題相關的章節去做練習。你可以遵循我先前提到的練習順序，也可以直接跳到相關章節，用符合你生活方式和時程的方法來做練習。

我怎麼知道它有沒有效？

　　剛開始練習禪修冥想時，頭幾次可能沒辦法很放鬆。要讓自己靜靜坐著、觀察念頭，真的非常非常困難，尤其是一開始的時候。就像你要培養一種新的習慣，得花很多時間才能看到成果。之所以稱為「實修練習」，就是因為它沒有一個確切的終點，它不像你跑步有一條終點線，也不是像你看著你最愛的食譜，照著書把所有的料理都做過一遍那樣。正念不是一種可以速成的東西；一旦你起步了，就注定下半輩子都要跟它在一起。當你逐漸深入，會注意到你生活中愈來愈多正念狀態的時刻。你也可能會很想趕快看到成果（或是「療效」），試著把這些情況當作是一種好奇心，而非失去耐性。實修的早期階段能夠幫助你學會如何放下、信賴整個過程。

◆ 紓解焦慮和壓力（第 182 頁，練習 51 鎮靜身體；第 193 頁，練習 55 我這是什麼情緒？）

◆ 平息憤怒（第 196 頁，練習 56 冷卻怒火）

◆ 與痛苦共存（第 199 頁，練習 57 練習微笑）

◆ 面對憂鬱（第 209 頁，練習 61 以溫柔之心待人；第 215 頁，練習 63 RAIN：認明、接受、探究、滋養；第 220 頁，練習 65 你有能力應付情緒）

◆ 飲食、運動、和健康（第 123 頁，練習 29: 做菜時正念分明；第 129 頁，練習 31 帶著正念洗碗；第 141 頁，練習 35 為你的世界著色）

漸次深入

這本書上所有的練習，時間少則 5 分鐘，多則 20 分鐘或是更長。開始練習之後，請允許自己慢慢進入較長時間的練習。逐漸熟練較為簡單的技巧之後，你對正念的認識和體悟就會慢慢建立，接下來就可以進入較複雜的練習。這是一條成長之路。要對自己有耐心，依照自己的速度慢慢前進。我會鼓勵你嘗試書上所有的練習，這樣你才能夠體驗到培養正念的所有不同方法。

拓展自己

當你漸次深入練習，一定會面臨各種挑戰和困難。有些練習很容易完成，有些則會碰觸到你的「成長邊緣」，需要花更

多的時間和努力。請記得,你絕對有能力面對這些挑戰。有些時候你可能會對自己懷疑,但有時候成長就是要把自己趕出舒適圈。這些練習可能就是要推你一把,讓你走得更深。心裡有了害怕、懷疑、判斷也沒關係,只要依照自己的情況繼續前進就好。

詞彙定義

在練習當中,你會經常看到以下這些術語出現。

◆ 感覺調性 (FEELING TONE):某種經驗,可能是愉快、不愉快,或是沒有特別感觸的中性體驗。比如,聽到鳥叫聲的感受,可能是愉快的,而搔癢可能令人覺得不舒服。

◆ 成長邊緣 (GROWING EDGES):成長精進的空間。通常是在我們遇到困難的時候,但它同時也是一個學習成長的有力機會。

◆ 固著和鬆脫 (HOOKED IN AND UNHOOKING):固著是指我們深陷於某個狀態當中,以致失去力量無法做出其他選擇。鬆脫是指從某個經驗狀態當中釋放出來,回到覺知狀態。

◆ 慈悲心 (LOVING-KINDNESS):關心他人福祉的實際行為和心性品質。慈悲是以一顆開放的心,仁慈和善地對待他人。有時也稱作「慈心」(metta)。

◆ 誦語／短句 (MANTRA/PHRASE)：在某些實修法門當中被用來當作保持覺知的短句或經咒誦語。通常是一個簡短的句子，用來深化內在動機，以及作為保持專注力的一個焦點。

◆ 禪修冥想 (MEDITATION)：保持靜默、培養心性品質的一段時間。通常是採用坐姿，也可以在走路、洗碗、吃飯時進行。

◆ 猿猴之心 (MONKEY MIND)：是指一種心理精神狀態，頭腦快速運轉、雜念紛飛，像猴子在樹上跳來跳去，無一刻安定。

◆ 默覺／標記 (NOTING)：在心理上、頭腦中默默標記當下正在經驗的事，可以幫助我們看清事情，不致陷入固著狀態。

◆ 副交感神經系統 (PARASYMPATHETIC NERVOUS SYS-TEM)：中樞神經系統的一部分，主要負責調節和降低心跳速率、放鬆肌肉、促進腺體分泌。

◆ 當下經驗 (PRESENT-TIME EXPERIENCE)：當下此刻發生在我們身上的事，沒有一時一刻間斷。它無時無刻不在變化、接受著不同的刺激，而且相續不斷。

◆ 感官之門 (SENSE-DOORS)：正念練習當中可被察覺的六種主要感官覺受：嗅覺、味覺、聽覺、觸覺／感受、視覺，以及思緒念頭。這六道感官之門就是我們經驗無常流轉現象的所在。

養成固定練習的習慣

　　無論你目前有沒有在修習禪修冥想，在一天當中花幾分鐘來做正念練習對你會很有幫助。而且要每天練習。持續不間斷的練習可以讓你養成一種習慣，有助於深化你的修習成果。如果你這一天很忙，可以從書上找一個簡短的練習來做，請記得，長篇的練習並不一定會比短篇的效果更好；任何一個練習都是很棒的練習。5 分鐘的練習是最有用的。它們可以在你頭腦開始雜念紛飛時，幫你重新把注意力拉回來，也能夠讓你時時扣緊自己的修行初衷。

諒解自己的挫折感

　　學習一樣新東西時，挫折是難免的。你可能沒辦法如自己所設想的那樣快速進步，有時前進三步又倒退兩步，甚至一天當中完全沒有想到要練習。一時沒辦法「做好」某件事，確實讓人挫折，這就是為什麼諒解自己的挫折感、保持初心是這麼重要。修習正念之路不是一條筆直順暢、一通到底的路。它蜿蜒崎嶇，你不時就會遇到禁止通行的告示，有時甚至會碰到大回轉。不管什麼時候，都要諒解自己，保持好奇心繼續前進。

　　接下來這些練習會幫助你探究自己的生命經驗。你的清明覺知力將會提升。你會學到以溫柔之心來做回應。但是這些都不會是外部加諸給你的；這些練習能夠帶給你的成果，事實上你內心早已具備。你內心原本就有慈悲、耐心、智慧、覺知的種子。現在你要做的是幫這些種子澆水，看著它們開花。

第一篇

基礎正念練習

正念的起步就是學會如何活在當下。此篇練習的內容,包含了幾種傳統上用來訓練當下覺察力的簡單方法,這是為什麼我會建議初學者從這裡開始練習起。

這些練習會幫助你培養以耐心、清明心智及力量活在此時此地的能力。我們會討論到,如何把渙散的心念抓回來、如何放下自我判斷,以及如何以溫柔之心來回應當下情境。只要你認真練習,就能學會以覺知的功夫去鍛鍊自己的心。

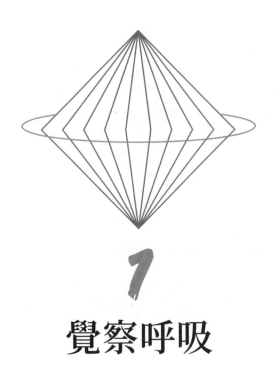

1

覺察呼吸

· · ·

時間｜5分鐘

　　你的身體一直都在呼吸，而且呼吸氣息是相續不斷在進行的。呼吸並不僅僅是正念練習最好的起始點；它是一個連貫的恆常狀態，任何時候當你需要定心專注，都可以回到這裡。

　　第一個練習要做的是，輕緩地找到你身體的呼吸氣息。沒什麼事情要想、沒有問題要解決，也不需要特別做什麼事。只要不斷把意識拉回來，覺察你的身體正在呼吸。這樣，你就是在鍛鍊自己的心能夠專一、不致雜念紛飛。

步驟

1　幫你的身體找到一個舒服的姿勢。通常會建議坐姿，因為坐姿能幫助身體保持清醒有精神。你也可以試試看平躺或是站姿。你可以坐在瑜伽墊、靜坐專用坐墊，或是椅子上都可以。安靜幾分鐘不要動，找到讓你感覺舒服又能持續保持的姿勢。

2　輕輕閉上眼睛。如果你覺得眼睛張開比較舒服，那可以輕輕注視地板或天花板（看你是採取什麼樣的姿勢而定）。讓眼睛放鬆，落在一個固定點。這樣做的原因是為了減少分心。

3　把你的覺知意識帶到腹部。放鬆那個部位的肌肉，看你是否能感受它的自然起伏。觀想你的身體自己正在呼吸。從肚臍周圍到腹斜肌，注意每一次出入息的移動。像這樣，反覆做幾次深呼吸。

4　把你的覺知意識移到胸部。吸氣時，感覺你的肺葉擴張、胸腔隆起。吐氣時，感覺你的胸腔往內收縮。看你的意識是否有辦法一路跟隨整個呼吸的過程，從一開始吸氣到吐氣結束。

5　將你的注意力移到鼻腔。呼吸的感覺在這個部位可能會比

較細微、不太容易察覺。試著做一次深呼吸,看看出現什麼感覺。你可能會注意到,吸氣時鼻尖有一點癢癢的,吐氣時鼻孔感覺溫溫的。

6 把你的覺知意識放在身體這三個部位的其中一個,去察覺你呼吸的起落。當念頭開始亂飄,就把呼吸重新拉回到這裡,持續觀察呼吸 1、2 分鐘。

7 把意識帶回到眼前的日常生活,結束這段練習。與你身體的呼吸保持連繫,可以讓你的心時時活在當下。

雜念紛飛

　　頭腦的自然慣性就是散亂。就算成就非凡的禪定大師也會有雜念。頭腦的功能就是處理資訊,那就是它本分的工作。不要把雜念當成一個問題,而要將它視為一個鍛鍊正念的機會。試著諒解自己,並保持好奇心和耐心,任何時候當你發現自己心念散亂,只要把它拉回到呼吸上就可以了。

2

接觸點

．
．
．

時間｜5分鐘

　　我們的身體一直都跟某樣東西有接觸，無論是椅子、地面、床鋪，或是身體周圍的空氣。這是一種非常有力的方式，可以讓我們感受活在當下的感覺。任何時候，無論是靜坐冥想還是日常生活中，你都可以把覺察力放在這些接觸點上。這些都是很容易感受得到的身體感覺，非常適合正念初學者來練習。

1 你可以用任何姿勢來做這個練習，但我建議你可以在坐下來的時候試試看。閉上眼睛，察覺你身體的姿勢。可以稍微調整一下姿勢，讓身體處在自然輕鬆的狀態。

2 開始去感覺你的身體跟外部某樣東西接觸的地方。你感覺得到你的雙腳和地板的接觸面嗎？把注意力放在雙腳的感覺上。其他什麼事情都不用做；就這樣，觀照這一刻你雙腳的感覺。

3 把注意力往上移到你的身體背後和椅子或坐墊的接觸點。感覺你的臀部跟椅子的接觸所產生的壓力。把覺知意識放在這裡，觀察你身體這個部位的感覺。

4 把注意力帶到你的雙手，它們現在應該是靜止不動的。感覺你的雙手碰觸到的地方，可能是你的大腿或是膝蓋。不管你的手現在放在哪裡，都專一地觀照那個接觸點。

5 現在，感覺一下你的衣服跟身體的接觸點。你可以掃描整個身體，看看哪些地方最有感覺。衣物末端跟身體露出部分的接觸感應該是最明顯的，比如手臂、脖子，或是腳踝。

6　最後，把注意力帶到跟你皮膚有接觸的空氣。你可能會注意到你的手掌心跟手背，兩邊的空氣溫度不一樣。如果你坐在戶外，可能還會感覺到有風吹過。無論你感覺到什麼，都沒有對錯。請真實地面對自己的經驗感受。

7　結束這個練習，把這個覺察力帶到日常生活中的接觸點。任何時候只要你坐下來，就去感覺身體跟椅子的接觸。當你站起來，察覺你的雙腳跟地板的接觸。

「正念就是帶著覺知，平和地接受當前的經驗。沒有什麼更複雜的東西了。保持開放心態，接收當下這一刻，無論愉快或是不愉快，接受它原本的樣子，不要執著它，也不要排斥它。」——希薇雅·布爾斯坦 (Sylvia Boorstein)，《坐下來，什麼都別做》

如何避免分心

　　當你開始去察覺自己的身體感受，可能會注意到有好多種不同的感受同時出現。為了讓你的心念保持專注，當你在觀照身體某個部位時，可以試著在心中默想或唸出簡單短句。比如說，當你在感覺雙腳時，心裡想著：「腳、腳、腳」。或是，如果你覺得用指令式的話語可能更有效（有時候確實如此），你可以說：「感覺我的腳。感覺我的腳。感覺我的腳。」依照你吸氣和吐氣的節奏來默唸這些短句。恭喜！現在你正在用的就是所謂的誦語——就是這麼簡單。

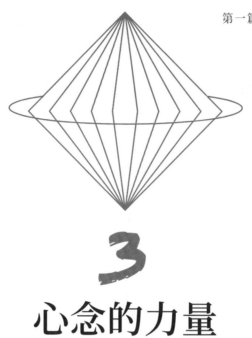

3

心念的力量

·
·
·

時間｜5 分鐘

　　心念頭腦是強大的工具。透過正念練習，你會學到如何帶著意圖、以作意專一的方式來訓練和使用這項工具。這個練習可以讓你看到心念頭腦的強大力量，也會告訴你如何用不同的方式來說服你的頭腦。你會親眼見證心念頭腦的聽覺能力和視覺思考模式。

　　帶著好玩的心情和好奇心來做這個練習，不要對自己太嚴肅。

1　做這個練習時，你需要閉上眼睛。用一點時間去察覺身體現在的姿勢。脊椎儘量保持挺直，肌肉儘量放鬆。

2　閉上眼睛，試著用心念去觀想你現在坐著的這個空間或房間。你可以觀想出你的身體在這個房間的哪個地方嗎？試著在頭腦裡面把這個房間視覺化，變成一個畫面。觀想這個房間的地板、牆壁，以及所有的門。看看你能否在頭腦裡面把這個房間其他的東西拼湊起來。

3　把這個房間的畫面放掉，觀想你自己這個人，平靜地站在某一個地方。也許是某個海邊、某座森林裡面，或是任何一個讓你「感覺愉快」的地方。用同樣的方式，觀想你身邊的景象，把它視覺化。畫面內容盡可能愈詳細愈好。

4　把這個觀想的畫面放掉，然後想一首你很熟的歌曲或是音調。試著去聽你腦海裡面出現的這首歌的歌詞或旋律。

5　現在，用你的頭腦念力去改變你聽這首歌的經驗。試著把音量變小，讓這首歌在你頭腦裡面變成無聲。接著，再把音量調高一點。然後用同樣的方式，把這首歌的速度變慢或變快。

6　結束這個練習之前，讓自己靜止幾分鐘，感受一下頭腦的強大力量。你只要稍微花點力氣，就能靠你的想像力來觀想畫面、播放音樂，以及改變任何你想改變的經驗。

渙散失焦

靜坐冥想時，你可能會發現自己的專注度慢慢變差，無法一直保持專心。有時候你會有好幾分鐘完全失神，過很久才突然又拉回來。靜心冥想時如果失神，你可以試著把注意力拉回到你剛剛在觀想的事情上，如果沒辦法，那就把注意力拉回到呼吸上。只要你有辦法注意到自己的念頭已經渙散，就有機會訓練它回到當下。不管多少次，只要一察覺就把自己拉回來。

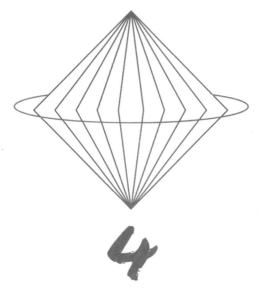

4

是誰在聽？

時間｜ 5 分鐘

　　在正念練習中，注意力的焦點通常放在身體的覺受以及頭腦的思緒念頭上。不過，你的其他感官覺受也可以用來幫助你感受和覺知當下。就像第一個練習當中你把觀察的焦點放在呼吸上，同樣的，你也可以用身邊的聲音來作為覺察的目標對象。

　　你在一天當中一定會聽到各種聲音不斷起起落落──無論你住在哪裡、從事什麼工作，你的環境裡面不可能都沒有聲音，也因此，聲音可以成為你練習正念專注的聚焦點。這個練習就是要幫助你透過禪修冥想來感受你的聽覺經驗。你也可以把這個練習帶到日常生活中，在一天當中，任何時候你都可以停下手邊的事情，仔細聆聽你周圍的聲音。

步驟

1　找到一個舒服的姿勢，閉上眼睛。把覺知意識帶到你的呼吸，但不只是察覺身體的呼吸起伏，而是去聽你身體呼吸的聲音。從鼻孔吸氣和吐氣，仔細傾聽你呼吸中的各種雜音。

2　現在，把你的注意力擴大到其他的聲音。你可能會注意到有車子經過的聲音、你家裡的各種雜音，或是大自然裡的各種聲音。當下有什麼聲音，就仔細聆聽。

3　頭腦會很習慣去辨認你所聽到的聲音。當有車子經過，你會馬上知道那是車子。不要去識別和定義每一種聲音，試著把注意力放在「聽」這個當下經驗上。觀想你的耳朵是麥克風，只聽取聲音，不去辨認。聽聲音的升起和消逝、它從哪個方向來、到多遠它才消失。

4　如果你的注意力被某個聲音吸引，那就仔細聆聽它。全然去經驗那個聲音。然後，再把注意力擴大到其他聲音上。一心聆聽、持續聆聽、仔細察覺，然後放開。

5　結束這段練習之前，把注意力拉回到呼吸上一會兒。不要太用力強迫自己，讓你的頭腦慢慢回到你身體的呼吸聲音上。

6 張開眼睛，回到日常事務當中，但依然保持著一點對聲音的覺知。在一天當中，讓自己的意識隨時拉回到「聽」這個動作上，以此來訓練活在當下的覺知力。

讓你分心的聲音

進行正念練習時，或是在日常生活中，你會發現有某些聲音特別會讓你分心。某些雜音，像是建築的聲音、鳥叫聲、有人大聲交談等等，都可能會讓你在練習時分心。當你發現自己分心了，可以馬上做這個聽聲音的練習。試著不要對聲音來源下判斷或給予批判，想像你是第一次聽到那個聲音。看你是否有辦法不去對那個聲音抱怨，或是立刻去辨認噪音的來源。你可以觀察自己內心是否對那個聲音升起嫌惡感，但不要去抗拒你無法控制的聲音。

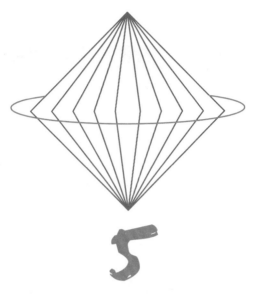

飲食中的正念

$\cdots$

時間｜10 分鐘

　　現在，我們要從身體覺受和聽覺的正念練習跳到味覺、嗅覺、視覺的感官正念練習，首先就從我們吃的食物開始。著名的越南僧人一行禪師這樣說過：「讓我們將自己穩固在當下，就用這樣的方式吃東西，飲食的時候保持一心、歡喜、平靜，是可以做到的。」飲食是我們滋養自己身體的時刻，同時也是滋養你正念練習的機會。

1　你可以用任何姿勢來做這個練習，但是靜靜坐著吃東西，效果會比較好，因為這樣可以減少不必要的刺激，幫助你更專注。吃什麼食物都可以，我會建議從一些比較簡單的食物開始，像是葡萄乾、莓果，或一些你喜歡的蔬菜。

2　首先，以你的視覺來攝取食物。注意它的顏色、形狀、大小。當你看著這樣食物，注意觀察自己有沒有想要吃的衝動。會有想吃的欲望沒什麼不對，請允許這個想吃的渴望自然升起然後消逝。回來繼續看著食物。

3　接下來，聞它的氣味。有些食物的氣味比較重、有些比較不明顯，你可以把食物拿近你的鼻子聞一下。專注於聞味道這個當下經驗。當你的頭腦又升起想吃的欲望，請把它拉回眼前繼續聞味道就好。

4　開始食用之前，花一點點時間來感謝這樣東西所含藏的能量。是有人努力工作才生產出這樣食物供你食用。大自然也提供了營養養分、雨水、太陽。還有那個為你烹煮、清理，以及包裝的人。感謝這些不同來源的能量能夠聚合在一起，創造出這份餐點。

5　現在，慢慢把食物拿起來。如果有用任何器皿盛裝，感受一下你的手觸摸這件器皿的感覺。正念覺察這樣食物或器皿在你手中感覺如何。食物是硬的、軟的、冷的，還是溫熱的？

6　把食物放進口中，注意你是否想要立刻咀嚼它、把它吞下去。不要這麼急，先感受一下這樣食物的溫度。把食物含在口中，你能感覺得出來它的形狀嗎？

7　當你開始咀嚼食物，請注意一下它的質地口感。在你咀嚼的過程中，口感是否起了變化？注意它的味道。你要做的不是只在標示食物的名稱，比如「這是一顆覆盆子」，你要更深入去挖掘它。它的味道是不是很複雜？一邊咀嚼，一邊察覺一下味道的變化。

8　當你開始把食物吞下去，好好感受這個吞嚥。當食物滑過你的喉嚨，你有什麼感覺？你是不是急著想要再咬另一口？別急，先停一下，感覺它殘留在你口中的味道。

「生命的真實奧祕就在這裡——完全專注於你當下正在做的事。同時，不要認為那是在工作，要把它當成遊戲。」——艾倫·沃茨 (Alan Watts)，《艾倫·沃茨精選集》

9 繼續用這種方式來吃這樣東西，提醒自己把速度放慢，察覺當下的感受。繼續用你的視覺、嗅覺、味覺、感覺，以及升起的念頭來覺察它。

10 全部吃完之後，請對這樣食物表達你的感謝，感謝它滋養你的身體。頭腦完全放鬆，讓自己沉浸在對能量和生命的感謝狀態。

不耐煩時怎麼辦

　　帶著正念來飲食，是一種訓練耐心的練習，而且需要一些自我克制。當你試著放慢吃東西的速度，內心可能反而會升起強烈欲望，想要趕快把東西吃完。這很正常，我們大多數人都是前一口還沒吞下去就急著咬下一口。正念飲食的基礎就是慢慢吃東西。如果發現自己很想要咬下一口，就先停下來、呼吸，把速度放慢。

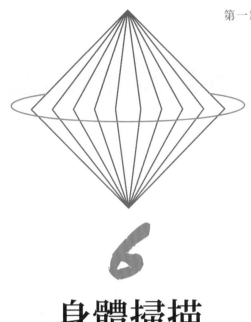

身體掃描

時間 | 10 分鐘

　　很多修行傳統都把身體掃描當作一種基礎的覺察練習。我第一次知道這個練習，是一位治療師告訴我的，但在佛教的各種修行法門、正念減壓練習，以及瑜伽課程當中，也都在使用這種方法。藉由身體掃描，我們可以更清楚知道自己當下的經驗感受。如此頭腦也可以學習安住於當下的經驗，專注於眼前正在進行的事。

1 如果環境允許的話,請坐下來,保持身體挺直來做這個練習。閉上眼睛,稍微調整一下身體姿勢,保持舒服的狀態。做幾次深呼吸,將注意力放在當下的呼吸上。

2 將覺知意識帶到你頭部的頂輪位置。你能夠具體感覺到頭部頂端有什麼感覺嗎?不需要修正什麼東西,也不需要思考任何事情,或是希望有什麼特別的事情發生。

3 接著將注意力往下移到前額和眉毛部位。也許你能感覺到那部位皮膚上方的空氣溫度,可能帶點緊繃,或是很單純、中性的感覺。不管你感覺到什麼,都保持正念覺察就好。

4 把你的覺察意識移到臉頰和下顎。像這樣,帶著覺知去掃描你整個身體,輕柔地觀察你身體的感覺。

5 覺察你的鼻腔和上嘴唇。在這裡你可能會有很多感覺,但呼吸氣息通常是最明顯的。每一次吸氣和吐氣都仔細去覺察它。

6 接著,將注意力放在你的嘴部,仔細感覺你的舌頭、嘴唇、

牙齒。覺察舌頭的擺放方式、唾液的流動，以及所有的嘴部動作。

7　像這樣繼續把上半身掃描過一遍。從頸部開始，慢慢將注意力往下移到肩膀，然後是雙手。在每個部位都稍微停留，耐心地觀照當下覺受。

8　將覺知意識帶回到肩胛骨，然後順著背部往下移動。感覺你脊椎的姿勢、你的背部肌肉，以及當你呼吸時這個部位的擴張和收縮。

9　接著是軀幹正面，從胸部開始。你可能會感覺到身體上的衣物，或是身體內部的呼吸氣息。然後往下到達腹部和胃部，你可能會感覺到飢餓或食物正在消化。

10　繼續往下到達骨盆腔、臀部，以及雙腿和雙腳。注意那些接觸點、關節部位的感覺，以及是不是有哪些部位特別緊繃。

11　到達腳尖之後，重新感受一下整個身體的感覺。從頭部到腳趾，細細感受你整個身體，跟你的身體在一起。試著去感覺你整個身體的輪廓、姿勢，以及隨著呼吸氣息所產生的細微變化。

睡前身體掃描

睡前進行全身掃描，可以有效幫助你入眠。你可以把它當成你的睡前練習，躺在床上進行身體掃描。首先從雙腳開始，慢慢往上掃描全身。感覺你的身體跟床鋪的接觸點，然後輕輕將注意力帶回到身體上。將氣吸入到任何你感覺緊繃的部位，讓身體自然放鬆下來。不要強迫自己要趕快睡著，或是勉強自己放鬆。帶著溫和的覺知意識，從腳趾到頭部，輕輕掃描就好。

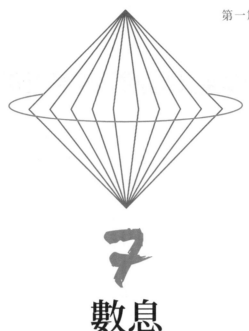

數息

時間 | 10 分鐘

關於「一心專注」(concentration)，藏傳佛教學者菩提巴薩 (Bodhipaksa) 這樣說過：「一心專注能夠讓我們真實活在我們正在進行的事情當中，無論你是在鄉間，或是正在閱讀一本書、正在寫作、講話，或思考。一心專注可以讓我們思想更清晰、思考更深入。」

剛開始練習專注時，你會發現你的頭腦很容易散亂，雜念很多。專注力練習是讓你的頭腦可以鎖定在一個焦點上，讓它有事情可以做，藉此來幫助你訓練頭腦的專注力。跟正念覺察一樣，這項功夫需要花時間來養成。當念頭開始散亂，你就把它拉回來。假以時日，頭腦就能學會專注，讓那些散亂的雜念自己消逝。

1 找到一個舒服的坐姿，可以坐在椅子上或坐墊上。脊椎保持挺直，但是肌肉要放鬆。大略掃描一下全身，肩膀保持下垂，腹部肌肉放鬆，整個身體都放得很輕鬆。

2 找到一個你可以觀察呼吸出入息的身體部位。可以是腹部、胸部，或是鼻孔。選擇一個你最容易感受呼吸出入息的地方，把感覺焦點放在這個點上。

3 接著開始數呼吸。帶著覺知意識去吸氣和吐氣，完成一次吸吐就數「一」。然後吸氣、吐氣，數「二」。就這樣繼續數，一直數到「八」，然後再從「一」開始數起。

4 請記住，數息是要幫助你練習專注，讓你的頭腦可以把注意力放在一個焦點上。這不是比賽，也不是要測驗你有多會數息。

5 當頭腦雜念散亂紛飛，只要把注意力拉回到呼吸上就好。每次拉回來都從一開始數，不管拉回來幾次都沒關係。不要評斷自己，把那些苛刻的碎碎唸丟掉。

6 像這樣繼續數息，訓練自己的專注力。心念渙散，單純地觀照它。心念專注，也一樣觀照它！

7　10 分鐘後，張開眼睛。繼續做你手邊原本在做的事，觀察一下你的頭腦是不是比較專注？還是一樣雜念很多？

不同的數息方式

　　練習數息的方法很多。專注力練習是非常重要的功夫，可以幫助你培養正念覺察力，如果能在靜坐冥想過程中保持專注，日常生活就更能活在當下。只要稍稍變化，就能讓這個數呼吸的練習更有趣，防止頭腦散亂紛飛。你可以從一數到八，然後重新回到一開始數；也可以吸氣數一、吐氣數二，或是兩者調過來數。試試看哪一種對你最有用。

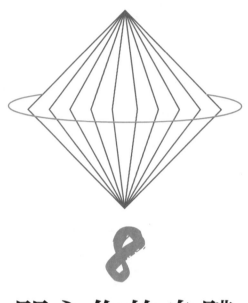

關心你的身體

. . .

時間｜10 分鐘

在正念練習過程當中——尤其如果你是剛起步的新手——你的身體可能會變得焦慮、不安或是躁動。要改善這個情況，你可以學習以慈悲和溫柔之心來回應你身體的那些覺受。在這個練習裡面，你將學會如何以仁慈和悲憫之心來對待身體。你可以運用這些方法來舒緩鎮定你的身體，無論是在正念練習過程中、在日常生活面對各種情境，或是當你覺得躁動難受的時刻。

步驟

1 輕輕閉上眼睛，稍微調整你的身體，讓自己覺得舒服即
可。吸氣時，讓脊椎向上挺直；吐氣時，讓全身肌肉放
鬆。像這樣做幾次深呼吸，讓氣進入你的身體，提升你的
能量，同時讓身體完全放鬆。

2 安住在這個身體的覺知，持續幾分鐘。你可以用這個練習
來觀察身體的接觸點或是掃描全身，幫助自己穩定下來。
不要強迫頭腦做任何事。只要完全放鬆，覺察當下。

3 在心裡升起一個意念，你想要平靜、放輕鬆。雖然你的身
體還是會緊張、焦慮，或是覺得不舒服，都沒關係，只要
緊扣這個意念──你希望你的身體舒服放鬆。

4 開始對你的身體說一些溫暖的話語。這些話語是在表達
你內心的意念，表示你關心在意你的身體。放慢速度把
這些話說出來，真心體會和感受這些話語的意義。你可
以在每一次吐氣時跟著唸出一句。帶著真心關懷的意念
來說這些話：

願我身體輕鬆自在。
願我身體舒適健康。
願我輕鬆愉快與我的身體相處。

5　感覺一下，身體是否有某些部位特別引起你的注意。不管
　　是哪一個部位，請把這些溫言暖語送給它。

6　接著，感受你的全身，是否有哪個部位很不舒服或是感到
　　疼痛。接受那個不舒服感，對它說一些溫馨慈悲的話語。
　　所謂的慈悲心，就是用溫柔和開放的心來關照痛處。試著
　　對它說這些溫暖的話語：

願我的

［身體部位］

擺脫疼痛不舒服。

願我全心關照這個疼痛不舒服。

願我活在當下跟這個不舒服在一起。

7　把注意力安住在身體這個不舒服的部位，持續幾分鐘，然
　　後放開，把注意力放在全身。還有哪些部位覺得不舒服
　　嗎？一樣把這些慈悲話語送給它。

8　你可以按照自己的需要，重複這個練習。

短句和誦語

　　禪修冥想當中偶爾會使用到短句，用意在於深化某個意圖意念。它是屬於誦語（咒語）的一種類型，而誦語就是用來幫助專注的一種重複式短句。如果你決定嘗試這個練習，你必須知道，這個練習當中（以及這整本書）介紹的傳統誦語對你來說可能並沒有那麼貼切，那也沒關係。你可以（而且應該）去創造一些比較貼近你真實心情和個人經驗的短句誦語。比如我有時候會說「這東西好臭」，那就是我真實的感受。我也喜歡說「我愛你；請繼續喔」。練習的時候，在頭腦裡面默唸這些誦語，然後仔細去感受它。如果空間允許，你也可以把這些誦語大聲說出來。實驗幾種不同的短句誦語，看看哪些對你最有感覺、最能幫助你達到練習的效果，對自己保持真實。

9

給予和接受

. . .

時間 | 10分鐘

　　呼吸在修行上有各種不同的效益，包括它可以作為一種
修持工具，讓你更為平靜、更有接納之心。這種法門稱為
tonglen（自他交換法），藏語的意思就是「給予和接受」。在
這個禪定練習裡面，你會學到如何用呼吸來幫助你培養對自
己和周遭人事物的關懷與慈悲之心。這是一個能夠同時修練
正念覺察和慈悲心的練習。當你做完整個練習，觀察一下自
己內心是否升起任何抗拒。過程中如果雜念很多，就把它拉
回身體的呼吸出入息上。

步驟

1　輕輕閉上眼睛，把注意力放在當下此刻。察覺你的當下所在。你的身體有什麼感覺？你聽到什麼聲音？你在哪裡？除了觀照當下，其他什麼都不用做。

2　把覺知意識帶到你身體上可以清楚感覺到呼吸出入息的位置。比如把注意力放在胸部，就非常適合這個練習。察覺你身體的呼吸出入息，自然吸氣和吐氣。

3　開始練習給予和接受的自他交換法，在內心升起一個「自我接納」的意念。當你吸氣，觀想你把自我接納吸進來；當你吐氣，把自我批判釋放出去。像這樣，持續做幾次深呼吸。

4　每次吸氣時，觀想你把輕鬆、平靜吸進來；每次吐氣，觀想你將焦慮和壓力都吐出去。你也可以試著觀想，吸氣時將一道放鬆的光吸進來，吐氣時將黑暗的壓力吐出去。

5　現在吸氣，把原諒吸進來。你不需要去回顧過往記憶，或是用理性去思考這件事；只要升起一個意念，原諒自己。隨著吐氣，把怨恨釋放出去。

6　現在，把原諒和怨恨都放掉，觀想你身邊有許多你所愛的人。回到剛剛做過的自我接納與自我批判那部分，但這次要調換過來。吸氣時，觀想把別人的痛苦吸進來；吐氣時，把接納送給他們。

7　繼續把別人身上的焦慮和壓力吸進來，然後吐氣時把自在和平靜給出去。留出一個空間來接收他們的壓力，不要全部吸到自己身上。所謂接納、納受，是帶著慈悲心認知到別人也有他們自己的痛苦經歷。

8　最後，吸氣，同時去感受這些人對於他們自身的怨恨。吐氣，把原諒傳送給這些人。

9　10 分鐘過後，輕輕張開眼睛。讓你的身體回復正常呼吸。記得，一天當中不管任何時刻，你都可以回來做這個練習。

> 「自他交換法門能夠逐漸消除我們的虛妄錯覺，我們一直都誤以為自己是孤單存在的，無人能夠了解。」——佩瑪·丘卓 (Pema Chödrön)

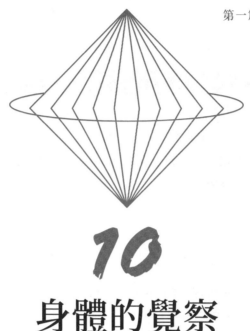

10

身體的覺察

· · · ·

時間｜10分鐘

　　之前你已經練習過身體掃描（第 45 頁，練習 6 身體掃描），算是已經為這個練習做好了準備。現在你不需要掃描全身，只要針對特定部位就可以了。這個練習是以身體的情緒覺受為基礎，然後學習如何帶著悲憫心來回應它。當你在進行身體掃描（或是其他任何一種）練習時，都可以回來做這個練習。

1　幫自己找一個舒適的冥想姿勢。你可以躺下來做這個練習，但是如果發現自己開始陷入昏沉或是想要睡覺，就坐起來，把身體打直。

2　選擇一個你可以清楚感受呼吸出入的身體部位，把注意力放在這個位置上。你也可以用簡單的誦語，比如「吸、吐」來幫助你更專注。剛開始幾分鐘，先調整一下心念，準備好進入正式的練習。

3　把覺知意識擴大到全身。從頭部到腳趾，看看有哪個部位特別引起你的注意。不需要刻意用力去搜尋，只要跟隨呼吸，耐心等待身體感受自己升起。

4　當你感覺到有東西出現，停下來觀照你的感覺。你可以使用「標籤」來幫助你辨別這個感覺是來自身體哪個部位。比如說，當你覺得膝蓋部位有點痛，你就標注「膝蓋」，或是呼吸時覺得胸部有什麼感覺，就標注「胸部」。你要貼的是「身體部位的標籤」，不是「感受的標籤」。

5　感受這個部位的感覺，做幾次呼吸，然後重新回到你專注察覺呼吸的那個位置。繼續觀照呼吸，等待下一個有感覺的身體部位出現。

6　就這樣，呼吸吐納和身體部位覺察兩者交替進行。每次感受到身體有哪個部位吸引你的注意，就停在那裡幾分鐘，然後再重新回到呼吸吐納上。帶著好奇的心情去認識你的身體，探索它的經驗。

補充練習：假如你想要幫這個練習多加點東西，可以在第3步驟之前多做一項身體掃描。這樣可以讓你更放鬆，更容易去感受全身各部位的感覺。

身上的疼痛

　　如果你身上有某個部位一直覺得痛，或是不舒服，你的注意力可能會一直被它拉走。不論你怎麼嘗試轉移注意力，你還是會被拉回到這個疼痛的部位。如果有這種情形，就好好聽它要說什麼。也許這個部位需要你給它一些愛的關注。試著用初心者的感受，注視這個疼痛。然後切換到之前做過的練習，送給你的身體一個溫馨短語，甚至最簡單的一句「沒關係」都可以。

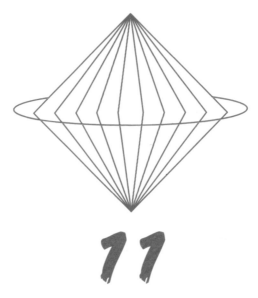

11

專注於你的腳步

．
．
．

時間 ｜ 10 分鐘

　　動中禪定（行禪，Walking meditation）在佛教中是非常普遍的一項修行法門，但是在西方冥想傳統中卻已經很難見到。著名的佛學老師傑克·康菲爾德（Jack Kornfield）說：「動中禪定的藝術就是，當你走路的時候保持覺知，用自然的行走動作來培養正念和活在當下的能力。」就像你可以在靜坐冥想時把覺知意識帶到身體上，也可以在行為動作中去覺知你的身體。

步驟

1 要做這個動中禪定的練習，你需要找一個大約三百到四百公尺長的地方。你可以在自己家裡室內、戶外庭院，或是任何一個地方，只要距離夠長就可以。

2 先安靜站著片刻，然後閉上眼睛。感覺一下你身體的姿勢，你的雙腳踩在地面上，以及身體上任何的細微動作。

3 張開眼睛。決定一下你要從哪一隻腳開始走。當你抬起這隻腳，感覺一下腳底正在離開地面、與地面失去接觸。往前踏出一步，觀察這隻腳重新與地面接觸的感覺。

4 抬起另一隻腳，跟上個步驟一樣，去感受這隻腳。請記住，這是一個正念覺察的練習，同時也是培養專注力的練習。當你的心念開始散亂，就把注意力拉回到你的腳上。

5 像這樣走三百或四百公尺，然後轉身走回來。當你轉身時，注意你的臀部、雙腳，以及軀幹是如何配合你轉身的動作。慢慢走，每一步大概花 3 到 4 秒的時間。

6　你可以試著一邊走路一邊配合簡單的誦語，來讓自己保持
　　專注。抬腳的時候，想著(或唸出)「抬腳」；踏出步伐
　　的時候，想著「移動」；把腳放下的時候，想著「放下」。

7　當你完成這段練習，靜靜站著幾分鐘不要動。讓自己慢慢
　　從禪定的狀態當中出來，回到日常生活，你仍然可以保持
　　這種身體的正念覺察狀態。

遵循你自己的道路

做這個練習，你可以打赤腳，也可以穿鞋子。兩種方式都對，看哪一種比較適合你就行了。假如你想要把練習的時間拉長，可以試著同時覺察你身體的其他部分。比如，注意你雙腳或臀部的肌肉，或是感覺腹部肌肉的運作。當你的頭腦念頭開始轉移到別的事物上，標注一下看它是跑去哪裡。如果你在思考，就標注「思考」；如果你的眼睛視線被什麼東西吸引，就標注「視覺」；如果有聲音讓你分心，就標注「聽覺」。

為了鼓勵自己養成正念走路的習慣，你要開始把動中禪定的經驗帶到你的日常生活中。當你走路要去搭公車或開車時，注意感覺自己的腳，無論是在上班的地方、或在家裡，都一樣這樣練習。慢慢走——你走得愈慢，就愈需要一心專注。當你發現自己走路速度變快了，那就表示你應該要放慢速度，回到練習上。

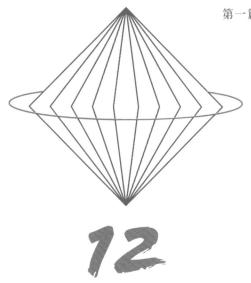

12

對自己慈悲

．
．
．

時間 ｜ **10 分鐘**

修習慈心或慈悲觀，可以幫助你以友善的態度來回應你
自己的心念。很可惜，我們的思緒念頭不會一直順我們的意，
我們的身體偶爾也會感覺不舒服。這段修習慈悲心的冥想，
除了能夠幫助我們以一顆溫柔關懷的心來面對這些不如意情
境，也能幫助我們在修習正念以及日常生活中看得更清晰。
修習慈悲，並不是要你去做一件你身外的事；而是要你回到
自心，體會它原本就具有的慈悲與愛人能力。

1 以舒服的姿勢坐著，輕輕閉上眼睛。一開始做這個練習，就試著把仁慈之心帶進來。以友善態度去觀照你的身體。聽聽它要說什麼，看看自己是否能夠讓它覺得舒服一點。你不會想要睡著，但你可以讓自己在做這個練習的過程中更放鬆一點。

2 首先，去認知自己內心對於快樂的渴望。不用深入去挖掘到底什麼東西能讓你快樂，只要單純知道輕鬆自在是你的願望就可以了。試著對自己說：「是的，我想要快樂。」

3 帶著這個意念，開始對自己說一些慈悲短語。腦海中浮出什麼話，就把它慢慢說出來。去感應這些話語背後的意念，即使你現在還無法完全感受它們。以下是你可以使用的短句：

希望我快樂。

希望我健康。

願我平安。

願我輕鬆自在。

「你要做的不是向外去尋找愛，而是去找出你在自己心中到底建造了哪些圍籬障礙，阻擋了你去愛。」——魯米 (Rumi)

4　找到這些短語的節奏。你可以在每一次吸氣，或是吐氣時就說一次。讓這些短語成為你專注的目標物。把全部的覺知意識放在這句話以及它背後的深層意念上。

5　當你走神了，就再把自己拉回到這些短語上。察覺一下，你是不是因此升起自我批判的感覺和念頭，或是你抗拒給自己關愛。

6　在心中繼續持誦這些短語，多久都可以。我的建議是，從 10 分鐘開始練習起。

沒有感覺怎麼辦

練習對自己慈悲時，你可能沒辦法真的有那樣的感覺，但其他時候你又會過度愛心氾濫。請放下對自己的批判，持續敞開你的心。這是一個協助我們培養慈悲心性品質的練習。假如冥想過程中無法真正升起慈悲之心，你只要知道，你未來會實際上將它付諸行動，這樣就可以了。

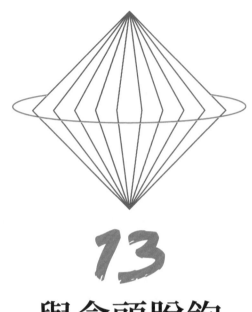

13

與念頭脫鉤

· · ·

時間 │ 15 分鐘

思想念頭是所有人類的共同經驗。你不需要為了修行而把它們推開,學習把自己的心從散亂念頭上拉回來,這就是修行。但是當你被念頭吸進去,你該怎麼跟它們脫鉤呢?這個練習提供了一個方法,教你如何讓自己跟那些念頭「脫鉤」,允許它們自由來去。不需要把念頭推開,也不需要否認它們的存在,你是有辦法在覺知這些念頭的同時,依然保持與它們分開。

步驟

1　讓自己穩穩坐著，然後閉上眼睛。注意你的頭腦和身體的能量狀態。當你開始進行正念練習，可能會注意到這一天你整個人的精神能量狀態，你的頭腦可能非常活躍，身體可能處在很興奮的狀態，或是一直感覺很緊張焦慮。

2　想像一下，當你搖晃一顆玻璃雪球，所有的能量就開始旋轉。當你把它放下來，裡面的小雪花就會開始慢慢落到地面上。把自己想成那顆玻璃雪球，裡面的每一片雪花就是你的一個念頭。就這樣，看著每一片雪花慢慢落到地面上。不要強迫自己趕快平靜下來；讓它緩慢地、自然而然發生。

3　大約一分鐘後，把你的注意力帶到身體的呼吸上。選擇一個你最容易察覺呼吸起伏的部位，可以是胸部中央、腹部、肩膀或是鼻孔。觀察當你呼吸時身體有什麼感覺。你可以用練習 7 的「數息」練習來幫助你專注。

4　觀察呼吸幾分鐘，念頭散亂時就把它帶回來。觀想那個玻璃雪球，當你察覺到念頭升起，就觀想它是雪花，正在慢慢落下。

5 把注意力放在呼吸上，幾分鐘後，讓覺知意識擴大到你的念頭思緒，保持平常一般的心理狀態。當你發現頭腦開始出現雜念，不要拉回到呼吸上，而是看著念頭它在做什麼。你可能會發現自己正在計畫著什麼、正在胡思亂想、雜念翻騰，或是浮現過去的一些情景。不管你觀察到你的頭腦在做什麼，都由它。

6 當你發現一個念頭升起，然後呢？不要試圖去為它加油添醋，也不要把它推開。就讓它在那裡，允許它繼續存在。看看你能否就這樣觀看著念頭的起落，看它自然升起、又自然消逝。

7 把注意力拉回到呼吸上，耐心等待下一個念頭升起。保持覺察，觀看這個念頭起落，然後再次拉回到呼吸上。繼續以正念觀照呼吸和念頭。

8 當你迷失在念頭當中，或是心思渙散失神時，也一樣觀照它。如果你開始自我批判，就觀看著這個批判，就像你在觀看其他的念頭一樣。你隨時都可以回到呼吸上，把自己拉回到眼前正在做的練習。

留心你的心理狀態：當你發現自己的心理狀態起變化，比如你的心開始覺得焦慮或沮喪，你只要清楚認明它現在是這個狀態就好。不管有沒有升起具體的念頭，心理狀態都可能會產生變化。

誘人又狡猾的念頭

思想頭腦可能會非常狡猾而且誘惑力很大，某些念頭（或思維模式）確實有很強的力量，可以在很短的時間就把我們整個人拉進去。有些念頭你可以輕鬆做到與它「脫鉤」，但有些念頭就是特別有力，讓你擺脫不了。當你發現自己被這種念頭抓住時，請對這個頭腦騙子微笑，然後繼續做這個練習。

14

保持頭腦清醒

. . .

時間 │ 10 分鐘

　　在禪修冥想過程中，我們的頭腦可能會慢慢變得昏沉或是想睡覺。這個簡短的練習可以提供你一些方法，讓你的頭腦在冥想過程中儘量保持清醒。這些方法都可以跟其他練習結合應用，讓你的冥想保持在一定的清明度。

步驟

1　閉上眼睛，幫自己找到一個舒服的冥想姿勢。首先，把注意力放在身體的呼吸上。感覺每一次吸氣和吐氣時你身體的起伏變化。

2　要讓頭腦保持清醒，首先要從呼吸開始。吸氣時，觀想你把能量和覺知意識都吸進來，你的身體往上挺直、脊椎拉直、胸腔打開。吐氣時，觀想你把睡意和分心都釋放出去。

3　這樣做 1、2 分鐘，然後張開眼睛——讓光線進入眼睛可以幫助我們保持清醒和清明。然後繼續做上面的呼吸練習，同時注意你的視線是不是有被什麼東西吸引。

4　這樣持續做幾分鐘之後，站起身來。眼睛張開的狀態下，以雙腳站立，讓自己保持在更加警覺的狀態。站著的時候一定會比坐著不容易睡著。

5　完成這個練習之後，稍微晃動一下你的身體，讓能量能夠開始流動。一邊動作、一邊感覺你身上肌肉的溫度，然後回到日常正在進行的工作。

對抗睡意

　　在禪修冥想過程中，你可能會發現自己的頭腦慢慢變得昏沉想睡覺。像這樣的練習就很適合你把它放進每日練習裡面，因為它可以幫助你讓頭腦保持在更加清醒的狀態。假如你發現自己開始有睡意，不要否認它，因為你當下就是如此。先認知到你的頭腦現在已經疲累，然後試著不要去批判自己。而且，你慢慢就會知道，當你給頭腦更多機會處在休息定靜狀態，一段時間後，你就愈來愈不會陷入昏睡了。

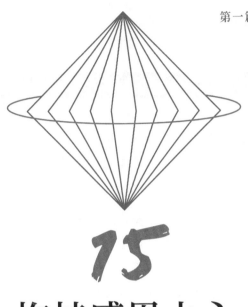

15

抱持感恩之心

⋮

時間｜15 分鐘

　　這個練習是取自佛教徒的歡喜心 (mudita) 修持， mudita 就是「充滿感激的喜悅」之意。也可以理解為：一種因為帶有利他關懷之心而產生的快樂。當你鍛鍊你的心智頭腦，讓它時時處於歡喜之中，你就會得到許多利益。你會感覺生命充滿喜樂、生活當中更容易看見快樂的事物，並且訓練你的頭腦把快樂當成一種重要的經驗。

1 找一個舒服的姿勢，全身放鬆，呼吸。吸氣時，感謝它帶給你生命；吐氣時，放掉頭腦和身體上所有的緊張。

2 回想一下你最近生活中有過的一次快樂經驗。可能是某件小事情，比如你見到一位朋友、觀看落日美景、或者就只是晚上躺在床上就覺得很快樂。當這個經驗浮現，讓自己完全去感受那種滿足。

3 帶著意念，用一些短語偈頌來培養你的感恩之心。頭腦持續回想那個快樂經驗，同時默唸以下短語：

> 願我永保喜樂之心。
> 願我喜悅日日增長。
> 願我真實感到喜樂。
> 願我感恩生命中的喜悅。

4 假如你的感受比較接近一種滿足或輕鬆自在感，可以改用一些能讓你產生共鳴的短語。只有你才知道自己的經驗感受，對自己保持真實。

5 用你自己的節奏，在腦中默唸這些短語。把注意力放在短

語上，同時心中對於那個喜樂經驗與滿足感抱持著感謝的
意念。

6　5 分鐘後，把頭腦中的那個記憶和短語都放掉。然後開始
　　回想你生活中有某個人，他最近剛剛經歷一件快樂的事。
　　讓這個人的影像在你腦中浮現，觀想他正在對你微笑。

7　像剛剛那樣，對這個人說出感謝的話。讓自己因為他們的
　　喜悅而跟著感到歡喜。你可以用以下這些短語：

祝你永保喜樂之心。

祝你喜樂日日增長。

願我真實感受你的喜樂。

我為你感到快樂。

8　當頭腦開始走神，就還是回到短語上。你也可以回來觀想
　　這個人臉上因為喜悅而散發微笑，然後重新對他說出感謝
　　的話。這樣練習持續 5 分鐘。

> 「每一次你感受到好處，你的神經結構就慢慢一點一滴建構起來。
> 每天這樣做幾次練習，持續幾個月甚至數年，你的大腦就會逐漸起
> 變化，你的覺受和行為也會跟著產生深層改變。」——瑞克·韓森
> (Rick Hanson)，《像佛陀一樣快樂：愛和智慧的大腦奧祕》

為什麼感恩很重要

　　在我們日常生活中，無論大小事情，我們往往不覺得應該要感謝。相反的，我們的大腦經常執著於那些痛苦的經驗，一直抓著問題不放。這個感恩之心的練習，可以讓你重新訓練你的頭腦，去看重你生命中的快樂經驗，不管那件事情有多麼微小。持續練習感恩，就會發現你的生命變快樂了。

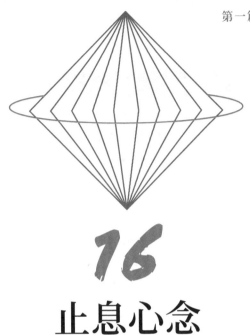

16

止息心念

. . . . .

時間｜ 10 分鐘

　　當你在做這些練習以及在日常生活庶務中，可能會發現頭腦一直都靜不下來、不斷東奔西忙。雖然你無法時時刻刻控制自己的心，但你可以想辦法讓它覺得輕鬆自在一點。學會這個功夫，能夠幫助你適切回應你的念頭和情緒，而不是憑衝動反應。這個練習讓你有機會訓練你的心，在它要衝動反應的時候能夠把速度放慢下來，並幫助你練習放輕鬆，不致讓自己一直處在過不去的心理狀態。

1　你可以坐直、也可以躺下來做這個練習。假如你現在覺得很焦慮、有壓力，躺下來可能會讓你比較放鬆。

2　做幾次深呼吸。吸氣，讓肺部完全填滿空氣。然後憋氣一兩秒，接著開始吐氣，慢慢吐，試著把肺部裡面的空氣全部吐乾淨。

3　你認知到自己無法控制每一個升起的念頭，帶著一個意念告訴自己，放鬆你的心。如果有任何念頭出現，就任由它們起落。用兩句簡單的慈愛短語來送給自己的心：

願我的心輕鬆自在。
願我對我的心感到自在。

4　在吐氣的時候同時說出這些短語，每一次吐氣說一句。仔細聽你說出的每一個字，然後連結一個意念：你決定好好關照你的心。

5　每當你的頭腦又開始念想紛飛，就回到呼吸和短語上。即使你在雜念出現之前只維持了一句短語的片刻安靜，你依然是朝著放鬆前進，只要繼續練習就可以了。

6　完成這個練習之後，張開眼睛，回到原本的日常工作中。在這一天當中觀看自己的心，注意它什麼時候開始變得不安分和躁動。

改用慈悲憐憫的短語：在某些時刻，心和它的念頭思緒可能會有痛苦的感覺，像是罪惡感、焦慮，或是悲傷等等。這時候，以上那些短語可能就不適用了。你可以試著改用慈悲憐憫的短語。先認知到你的心感覺受傷，然後帶著關愛之情來照料你的痛苦。嘗試帶著感情說出這句話：「願我能關心照料這份痛苦。」

固執的頭腦

有時候，頭腦就是不願意安靜下來。你愈用力想要制伏它，它就變得愈躁動。如果你的頭腦過度活躍、不願意慢下來，那就試著改變你對它的態度。不要強迫自己的頭腦要安靜，而是把精力放在接受你的頭腦現在就是運轉不停，然後帶著慈悲之心來回應它。

17
不加入判斷

. . .

時間 | 15 分鐘

　　默覺／標記 (noting) 練習是正念的基礎。在正念減壓 (MBSR) 和內觀法門 (insight meditation) 當中也普遍應用，因為覺察能夠讓我們清楚觀看當下發生的事，而不致陷入個人過去經驗的連結。這種「不加入判斷的覺察」訓練，能夠幫助你練習將「你對經驗的判斷」與「經驗本身」兩者區分開來。當你開始將這兩件事情拆開、不讓它們綁在一起，訓練頭腦放下的功夫就展開了。

步驟

1　採坐姿、身體保持挺直，閉上眼睛。運用呼吸吐納，讓身體和頭腦保持在覺知和放鬆的狀態。吸氣時，讓氣往上到達脊椎，並把氣帶入身體；吐氣時，全部放掉。讓下巴完全放鬆、肩膀往下鬆垂，腹部肌肉完全鬆軟下來。

2　開始打開你的覺知意識，包括身體各個感官覺受。跟著第59頁，練習10「身體的覺察」的引導，覺察身體當下的感覺。定心專注觀照這個感覺一段時間；然後把這個定點觀照放掉，去覺察身體其他地方的感受。

3　就這樣持續做幾分鐘，注意一下你的頭腦什麼時候開始加入判斷。頭腦可能會開始給某些經驗或感受貼標籤，判斷它們的好或壞、正確或錯誤。不要去助長、也不要去壓抑這些判斷，只要在它們升起的時候覺察就好。繼續這樣做幾分鐘。

4　現在打開你的聽覺。當你聽到某個聲音，認知到你正在聽。假如你開始對這個聲音升起判斷，也單純認明它就好，不要對這個判斷做任何事。

5 保持敞開，繼續練習。無論你當下聽到什麼、身體出現什麼感覺，或是出現什麼念頭，都對你的經驗保持單純的覺知。任何時候只要升起判斷，就認明它，然後不管它、由它。不用刻意把它推開，只要不進一步跟它有交涉，不要再加油添醋就好。

6 最後，做幾次深呼吸來結束這個練習，把覺知意識帶回到身體上，然後張開眼睛。

批判自己的判斷

　　做這個練習時，你等於直接在覺察自己的自我批判。當你發現自己升起判斷，可能會習慣性開始批判自己升起判斷這件事（這其實又是頭腦的騙術啊！）當你發現自己正在批判自己的判斷，最有效的對治方法就是自嘲。頭腦是一個很可笑的東西。試著不要對自己太認真。

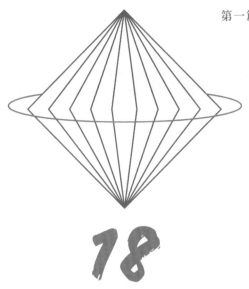

18

地水火風四元素

．
．
．

時間 | **20 分鐘**

這項修習方法最早可以回溯到兩千五百年前，它提供了我們一個全然不同的視角來檢視自己的身體。這個練習一開始可能你會覺得有點尷尬，不妨試著多花一點時間來練習，慢慢去習慣它。給自己一點空間，讓自己可以深入去探究自己身體內部的這些元素。試著保持一顆開放的心，看看你能從自己身上學到什麼。請記得，正念就是以清明的眼睛去看，而從一個新的角度去看事情往往能夠為你帶來清明。

1 　找一個能讓自己輕鬆的姿勢，坐定下來。閉上眼睛，把覺知意識帶到你的身體與其他物體有接觸的部位，比如你的雙腳踩在地板上、雙手放在膝蓋上，或是屁股坐在椅子上。

2 　從固態的地元素（土元素）開始。不用想太多，只要保持敞開，去感受那些部位在哪裡，以及它給你什麼樣堅固紮實的感覺。比如你的骨骼結構、你現在坐的那張椅子、你身上任何覺得緊張有壓力的地方，或是當你肌肉放鬆時所感受到的重量。好好去感受，不要匆忙跳過，或是想要去強迫它們。當你感受到自己身體上的土元素，請做幾次深呼吸，好好跟它在一起。然後持續這個搜尋、認明、感受的動作。

3 　這樣做 5 分鐘之後，換成風元素。最能感受風元素的地方就是你身體的呼吸吐納。哪些部位你可以感受到呼吸的氣息呢？可以試著搜尋你身上有中空空間的部位，比如你的鼻腔、嘴巴、耳朵，都可以讓你體會風元素的存在。

4 　同樣做 5 分鐘之後，換成察覺水元素。去感受你身體上有水的部位。比如你眼睛裡的水分、嘴巴裡面的唾液、身上流出的汗水，也許你還會感覺到肌肉的柔韌彈性、呼吸氣息的出入流動，或是血液在身體裡面奔流脈動。

5　接下來，把注意力帶到你身體裡面的熱度或火元素。這個
　　元素比較容易理解，所以你可以自行觀察看看。比如空氣
　　接觸到你的皮膚時你所感受到的溫度，或者身體上有某些
　　部位比其他部位更溫暖或是更冰涼。注意跟溫度有關的感
　　受，包括身體外部和內部。

6　結束這個練習之前，花一點時間把注意力放在全身。呼吸
　　時，感覺這四個元素正在協力運作，支撐著你的身體並為
　　它提供能量。

簡要版四元素練習

　　你可以選擇四元素的其中一個元素，來進行快速簡要
版的練習。假如你覺得特別焦慮、無法專心，土元素可以
幫助你穩定。如果覺得自己被卡住或頑固無法變通，風元
素或水元素會幫助你放鬆。如果覺得某些狀況讓你無力，
可以試著連結體內的火元素。

　　你也可以用這個練習來做日常的動中禪定。藉由呼吸氣
息或是微風吹過身體的感覺，來連結風元素。走路的時候可
以覺察火元素，因為你的身體會隨著步伐動作慢慢變暖。這
四個元素無時無刻不存在於我們身體內外。請給自己自由，
去探索各種不同的方式，辨識和體會這四個元素的存在。

19
感覺調性

．
．
．

時間 | **20 分鐘**

　　不管任何時候，當你正在經歷某件事，都可以深入去探索自己當下的感知覺受調性 (feeling tone)。感知覺受不是情緒，它只是你當下經驗的客觀描述，無論是愉快的、不愉快的或是中性的。透過你的各個身體感官而感知到的，包括一個念頭，都會帶給你某種覺受。因此，只要觀照你的感知覺受，就能深化你的內在覺察力，看見事件經驗的本質。

步驟

1 找一個舒服穩固的坐姿。閉上眼睛,將注意力放在身體的呼吸上。你可以使用第 49 頁,練習 7「數息」練習來集中心念。最初幾分鐘全部專注在呼吸上,讓自己進入一種穩定的正念覺察狀態。

2 將覺知意識開放到全身。你可以運用第 59 頁練習 10「身體的覺察」,花幾分鐘時間觀照身體升起的所有感覺。不要對任何事情做好壞判斷,只要把注意力放在身體經驗到的真實感受就好。

3 當你體察到身體某個感官感受,就把覺知意識擴大到感知覺受調性,認明這個感覺,然後想一下,這個經驗是愉快的、不愉快的,還是中性的。如果你想要的話,可以做第 45 頁的練習 6「身體掃描」,來覺察你身體每一個部位的感知覺受調性。

4 這樣做 5 分鐘後,把聽覺練習加進來。去覺察某個聲音,注意你現在聽到的聲音,觀察它的覺受調性。持續做這個身體與聲音的覺察約 5 分鐘。

5 　最後，把念頭也加進來。你不需要深入去挖掘你現在想什麼，只要當一個念頭升起時去認明它，然後看看它的感覺調性是什麼，這樣就可以了。察覺到之後就放掉，然後回到開放狀態，等待下一個念頭升起。

6 　保持這種開放的正念覺察狀態，能夠幫你留出一些空間給你的雜念。請記得，做這個練習時，你隨時都可以重新回到呼吸來穩固自己。只要你想集中心智，隨時都可以回來做 1、2 分鐘的呼吸隨息。

7 　做幾次深呼吸，然後張開眼睛。回到原本的日常工作中，看看你是否能夠從你所見、所聽、所感的每一件事情，察覺到它們的覺受調性。

對於無常變化保持開放：感覺調性並不是固定不變的。這一次你發現某個經驗是愉快的，下一次可能覺得它並不愉快。請記得，要以初見之心對所有經驗保持好奇和開放。

我不知道

　　某些經驗可能並沒有很明確的感覺調性。雖然我們通常會用「愉快、不愉快，或是中性」來分類某些經驗，但你還是有其他選項的喔。假如你真的不知道那個感覺調性是什麼，你可以說「我不知道」；如果感覺很複雜，你也可以說「很複雜」。如果感覺調性不是很清晰，就不要強迫自己硬要歸類。誠實、尊重自己的個人經驗最重要。

20

情緒經驗

· · ·

時間 │ **15 分鐘**

情緒是很複雜的東西,最簡單的解釋就是:它是身體感官覺受和思想模式的結合體。當你以正念觀照情緒經驗,就能開始化解它,把它的力量跟你這個人分離開來。以智慧和慈悲之心來對待它,最終你就能放下你的情緒,而不至於讓它來主宰你。

步驟

1　找一個讓你感覺舒服、同時有助於保持正念的姿勢。雖然你知道可能哪一個姿勢你覺得最有用，但還是請保持開放的心態，依照情況來調整。花一點時間檢視一下你身體目前的狀態。

2　回想最近一次你覺得開心或喜悅的經驗，盡可能愈詳細愈好。觀想那次的經驗，讓它在你的頭腦和身體重現。

3　當你感受到這個經驗帶來的情緒之後，讓我們更仔細來探究一下。這種喜悅感是什麼？察覺一下你身體有什麼感覺出現。你可能注意到你的肩膀很放鬆、呼吸很輕或很深，或是胸部覺得暖暖的。沒有一種感覺是你「應該有」或是「不該有」的，只要單純認明你自己的這個開心經驗就好。

4　接著察覺一下，伴隨這個身體感官覺受而來的心理狀態。當你重現這個開心的記憶，你的心智頭腦現在是什麼狀態？是很平靜、活躍、躁動還是輕鬆？任何一個答案都沒有對錯。試著去認識這個愉快的經驗。

5　現在，同樣回想最近一個不愉快的經驗。可能是你覺得壓力很大、內心很焦慮、挫折，或是感到傷心的時刻。不要

去想那些有激烈爭吵或工作場合中的衝突場景，只要感覺有點不愉快的經驗就好，比如塞車動彈不得，或是去商店買東西排了很長的隊伍等等。

6 察覺這個經驗在你頭腦和身體上所產生的感覺，花幾分鐘時間跟這個感覺在一起。

7 結束練習之前，把覺知意識帶回你的身體，做幾次呼吸吐納。深呼吸幾次，讓頭腦完全放輕鬆，然後張開眼睛。

「你的身體和心智頭腦都是獨一無二的，你擁有獨特的過往經驗和環境條件。沒有人能提供你一條方程式來解決你所有的問題。只有以新鮮和開放的心來聆聽，你才能看清，在某個情況下，什麼是讓你得到療癒和解脫自由的最佳解方。」——塔拉·布拉克 (Tara Brach)，《真正的庇護所：在覺醒的心中找到平靜與自由》(True Refuge: Finding Peace and Freedom in Your Own Awakened Heart)

覺察當下情緒

你也可以不需要刻意回想過去的情緒經驗，直接覺察你靜坐當下內心所升起的情緒，來做這個練習。如果你保持正念耐心等待，就有機會觀察到情緒是怎麼起落來去的。當你愈來愈認識到情緒感受的本質是短暫無常的，就不會再對它們那麼執著。任何時候，當你察覺到自己有情緒升起，都可以隨時停下來做這個練習。

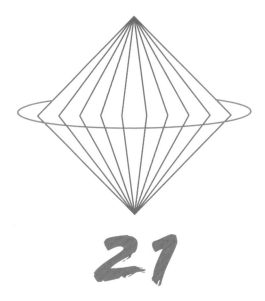

21
保持穩固與彈性

．
．
．

時間 │ 15 分鐘

　　安穩寧靜就是讓自己在當下經驗中保持穩固和穩定的一種品質。當你發現自己覺得痛苦，會以慈悲之心來回應，不因為事情不在預期中而離開平穩狀態。透過寧靜練習，你能夠培養一種既穩定同時又保持彈性的心智狀態，尤其在你情緒最強烈的時候。

步驟

1　閉上眼睛，找到你覺得舒服的姿勢，把注意力放在當下。察覺周圍的聲音、你身體的各種感覺，以及你的整體心理狀態。

2　保持開放性的覺知意識。有任何東西出現，就察覺自己的心，看看哪裡失去平衡。聲音、思緒念頭，或是身體感覺，都可能會讓你的心失去平靜。帶著這種覺知，跟自己保持在這種平衡狀態 5 分鐘。

3　然後，在腦海裡想著一位你非常關心在意的人。把你的意念放在你對這個人的關愛。你認知到這件事：雖然你很關心這個人，但你無法掌控他們的快樂與否。送給他們幾句寧靜的短語：

祝你快樂。

願你能掌握自己的快樂。

你的快樂是靠你的行動作為，而不是靠我的祈求願望。

4　這樣做 5 分鐘，然後把注意力轉到另一位你關心的人身上，這個人目前可能正在經歷一些痛苦或困境。升起一個意念，去關心這個人，但你依然保持穩定的心，用慈悲和寧靜的話語送給他們：

願你從痛苦中解脫。

願你採取行動來照料你的痛苦。

你的自由取決於你的行動作為，而不是靠我的祈求願望。

5　最後，想著你生活中的某個人，他一直都很快樂，或是最近頗有成就。讓自己保持在寧靜狀態，帶著欣賞歡喜的心說以下這些短語：

願你常保喜樂。

願你能掌握自己的喜悅。

你的喜悅掌握在你手中，而不是靠我的祈求願望。

6　複誦這些短語幾分鐘，張開眼睛之前，把覺知意識拉回到自己身上。你認知到，你的快樂是掌握在自己手中。為自己的精進實修感到驕傲，讓自己常保這種幸福快樂的感覺。

「寧靜的現代定義就是：冷靜。也就是指，一個人的心在任何情況下都能保持穩定和平靜。」──艾倫‧洛科斯 (Allan Lokos)，《平靜隨身：開悟生活的實踐》(Pocket Peace: Effective Practices for Enlightened Living)

掉入冷漠的陷阱

　　寧靜也有一個所謂的「近敵」。那個狀態跟寧靜看似相似，其實大不相同，而且對我們沒有任何正向幫助。寧靜的近敵就是「冷漠」，也就是一種完全不在乎的心理狀態。寧靜帶有關心關愛的品質在內，而冷漠則是完全不在乎。在實修上，要非常注意這兩者的差別。如果出現冷漠狀態，就回來練習慈愛短語，重新連結你心性中的慈愛本性。

22

感受愛

·
·
·

時間 │ 20 分鐘

這個練習提供了另一種關愛自己的方法,讓我們能夠透過觀想的方式來接收愛和關懷。這也是在培養我們接受愛的能力,並肯定自己與生俱來的存在價值。

步驟

1 找到一個你覺得舒服的姿勢，然後閉上眼睛，升起念頭告訴自己，帶著慈愛之心來做今天這個練習。全身放鬆，讓頭腦處在輕鬆狀態。

2 心裡想著一個非常關心你的人。可能是你的某個家人、好朋友或是某位導師。觀想這個人就站在你眼前對你說話，用慈悲的話語來祝福你。你要做的事情只有一件，就是接收他們對你的祝福。用 5 分鐘的時間，來接收他們所發出的意念。

3 接下來讓另一位同樣關心你的人加進來。接收這兩個人對你發出的祝福話語，讓他們的關心和愛意深深植入你的意識之中。

4 幾分鐘後，再觀想第三個人。就這樣，慢慢把其他人加進來，讓一群人站在你眼前，對你傳送慈愛的話語和情感。用一顆開放的心將這些祝福全部接收下來。

5 在這個練習的最後，把你自己加進來，把溫柔關愛送給自己。然後慢慢張開眼睛，帶著這種溫柔的關懷回到你原本的日常工作中。

關閉心門

當我們的心和頭腦接收到愛時，很可能開始有不舒服的感覺出現。因為你可能覺得自己根本不值得受到這些愛或關懷。注意一下，這時候你的心是不是會把自己關起來，或者你的頭腦是不是會開始用別的事情來分散你的注意力。試著將注意力拉回來，去感受你接收關愛時身體所出現的感覺。將這種被愛的感覺儘量具體化。

23
培養深沉專注力

．．．

時間｜**20 分鐘**

　　在第 49 頁練習 7 的「數息」練習中，你已經學到用數呼吸的方法在短時間內幫助自己做到一心專注。現在我們要學習的是較長時間的專注訓練，它可以幫助你讓正念覺察練習更深入（而且也適用於日常生活中）。從數息開始，這個練習會告訴你如何進入更深沉的專注狀態。

1   找到舒服的姿勢之後,先從數息練習開始。將注意力集中
    在身體的呼吸出入息上,只要發現念頭跑走,就把它拉回
    到呼吸上。像這樣先做 5 分鐘。

2   把數息放掉,但依然保持在隨息狀態。集中心念觀照你的
    呼吸,注意一下,這種方式是不是比數息還要困難。保持
    這個隨息狀態 5 分鐘。

3   現在,把注意力轉換到聽覺上。從環境當中找一個相對穩
    定出現的聲音,可能是附近街道的聲音、房間內電燈的嗡
    嗡聲,或是你耳朵裡面微微的耳鳴聲。用你聽到的聲音來
    作為意識專注的目標。當你的頭腦念頭又飄走,就把它拉
    回到這個聲音上。

4   這樣做 5 分鐘,然後張開眼睛。找一個眼睛看得到的物體
    來作為注意力聚焦的目標。帶著好奇心仔細觀看這個物體
    的每一個細節──它的外觀輪廓、顏色、質地紋理等等。
    如果你的意識被其他東西、聲音,或是念頭思緒拉走,就
    還是把它拉回到你剛剛在觀看的這個物體上。最後這 5 分
    鐘就做這件事。

猿猴之心

　　練習深沉專注時，你可能會經驗到「猿猴之心」。猿猴之心就是當你的頭腦心念不安分，像一隻猴子在樹上盪來盪去，從這棵樹跳到那棵樹，無一刻安靜。如果這個雜念紛飛的狀態讓你分心，就把自己放開，讓那些念頭自由來去。雖然剛開始做這個練習時，你會很想要把自己的心念定在一處，但請允許自己可以轉換成「隨念專注」的練習。當念頭升起時知道它升起，這樣就好，不要把它們推開。

24

開放式覺察冥想

．
．
．

時間 | **25 分鐘**

　　這是一種傳統的正念冥想法，跟大多數人聽到「冥想」一詞所聯想到的內容很類似。它是運用正念來覺察我們的感官覺受、感覺調性，以及當下的整體經驗，是屬於真正開放式覺察的一種修行法門。它也是全世界各地許多禪修者修習正念的基石。

　　開放式覺察冥想 (Open-Awareness Meditation) 是結合我們先前介紹過的短篇專注練習。整個練習過程，就是讓自己安住在開放狀態，接收你當下出現的一切經驗。

步驟

1 一開始先大略做一下身體掃描。從頭部開始一直到腳趾，帶著正念去覺察身體的每一個部位。

2 完成簡要的身體掃描之後，讓你的覺知力保持開放狀態，去覺察身體的各種感覺，包括緊張、疼痛、鬆柔、煩躁不安，或是某種情緒、感受。有什麼東西出現、吸引了你的注意？用 5 分鐘時間，以正念覺照全身。

3 現在，打開你的聽覺。當你察覺到某個聲音出現，你知道你正在聽。耐心靜靜坐著 5 分鐘，注意你身體的感官覺受或是當下聽到的聲音。

4 繼續保持這種開放狀態，這次把思想念頭納進來。你可以觀看升起的念頭、情緒經驗或是心理狀態。無論你的頭腦當下出現什麼，都去覺察它。

5 最後，把觀照感覺調性的練習加進來。升起一個意念，告訴自己保持開放的覺知狀態，無論當下察覺到什麼、感覺到什麼，都了了分明。假如你的頭腦對這些升起的經驗有所反應，也了了分明知道你正在起反應。

6　完成這個冥想練習之後，回到原本正在進行的日常工作，並試著保持這種覺知狀態。

在日常生活中保持開放式正念：你可以把這個練習當作你日常正念練習的一部分。在一天當中，花幾分鐘時間讓自己停下手邊工作，從這個練習的第五步驟開始做。對你當下正在進行的事情保持開放式覺察，花 1、2 分鐘時間觀照當下。當你感覺有壓力，或是覺得無聊時，這個練習可以讓你重新回到當下覺知狀態。

過度開放散漫

開放式正念覺察如果不小心放太開了，可能會出現懶散或是太過放鬆的情形。當頭腦放鬆下來，念頭可能就會開始散亂。如果出現這種情況，你可以試著把覺知意識稍微收回來一點，放在五種感官的其中一種（通常放在聽覺的效果比較好）。記得，每次當你把念頭拉回來，就是在鍛鍊正念專注的心理肌肉之強度。

呼吸與觀照

．
．
．

時間｜25分鐘

　　這是開放式正念的另一種實踐，也是我每天固定做的一種練習。這種結合「作意專注」與「開放式觀照覺察」的修行方法，是緬甸僧人馬哈希大師 (Mahasi Sayadaw) 的創見。這個呼吸與觀照法，是全世界修習正念的學人普遍學習的一個法門。

1　找到一個安穩舒適的姿勢，然後閉上眼睛。

2　將覺知意識放在呼吸上。如果需要的話，可以從數息法開始。

3　選定身體的一個部位，觀照你的呼吸出入息，吸氣時默唸「吸」，吐氣時默唸「吐」。這樣持續做 5 分鐘或更長一點也沒關係，讓頭腦安靜下來。

4　繼續觀照你的呼吸出入，同時把覺知意識帶到整個身體。吐氣之後，把注意力放在你所感覺到的一個定點部位。舉例來說，像這樣默唸：「吸、吐、腳」，或是「吸、吐、胸部」等等。

5　這樣做5分鐘，然後把聽覺加進來。繼續觀照吸氣和吐氣，然後觀照身體的某個感覺或是一個聲音。

「每一次都好好觀照一個目標物，內心自然升起喜悅。最後，修行就會成為一件很享受的事。」——馬哈希大師，《內觀修行手冊》(Manual of Insight)

6　接下來，把頭腦念頭加進來。整個過程都要把注意力放在呼吸上。吐氣之後，保持開放式覺察，觀照任何升起的念頭、你身體上的感覺以及周遭聲響。

7　最後，把感覺調性的覺察也加進來。現在，覺察呼吸出入息，每一次吐氣之後，觀照身體的感官覺受、外部聲音、思想念頭，以及感覺調性。

如果感到焦慮和壓力

做這個練習時，你可能會發現自己有點焦慮和壓力。請不要排斥這些感受，讓它成為練習的一部分。你可以試著把呼吸速度放慢，讓自己放輕鬆一點，或是回到最簡單的數息法，休息一下，然後再重新回來做這個覺察練習。

第二篇

日常生活中的
正念

禪修冥想是一種非常有效的方法,可以讓你的正念修習穩固扎根,並獲得持久的內觀領悟,將它們應用到日常生活中。但畢竟,你不可能整天都在坐禪冥想。把正念練習帶到日常生活的活動和責任中,能夠幫助你保持活在當下的如一狀態。

這一篇,我們就要來學習一些能夠幫助你在日常生活中繼續保持慈悲心境與智慧的方法。愈勤奮練習,這件事就會變得愈來愈簡單,也愈來愈順手。請記得,這是一種修行。心的鍛鍊需要靠耐心和毅力。

26

覺察的啟動器

:
:

時間 | 5 分鐘

　　修習正念覺察最困難的事情之一，就是記得要練習。因
此，需要有一個覺察的啟動器，來幫助你養成練習的習慣。
你可以根據你的日常生活情況，在不同的時間點，嘗試不同
的啟動器，用來做不同的正念練習。

步驟

1　早晨時，選擇一個一天當中可能會發生好幾次的事情，比如電話鈴響、坐下的動作，或是當你看見紅色物體的時候。

2　選定一件事情或一個行為，設定好清楚的意圖，用它來作為這一天正念練習的啓動器。花幾分鐘時間把目標和你對自己的期望連結，告訴自己在這一天要好好修習正念覺察。

3　每次當你看到那個啓動器出現，就停下手邊的工作，做幾分鐘正念練習。第一篇裡面的任何一個練習都可以——比如，在工作中練習數息、觀察身體的接觸點，或是這本書上任何一個你覺得有效的方法。

4　花幾分鐘做完當下覺察練習後，就可以回到原本的日常狀態中。記得要持續做這件事，在一天當中，無論何時只要你的啓動器出現，就做正念練習。

找到最合適的啟動器

　　很多東西都可以當作正念練習的啟動器，你可以給自己一點自由選擇的空間，找出一個最適合你目前生活型態的啟動器。假如你的工作是一整天都必須坐在電腦前，可以用接收電子郵件來作為啟動器。如果你大多數時間都在戶外，可以用一陣風吹過你臉上的感覺來作為啟動器。做不同的嘗試和實驗，直到找出最適合你的啟動器為止。

27
帶著覺知醒來

時間 ｜ 5 分鐘

　　把正念帶入日常生活當中最好的方法之一，就是用正念來開啟你的一天。我們當中很多人每天早上都匆匆忙忙於各種例行工作，從沒停下來好好活在當下。這個練習可以幫助你從每天一大早就展開正念的生活，並在接下來的時光當中精進修習正念。

1 每天早上一醒來，不要馬上起床，先在床上躺一下。如果
　你有設定鬧鐘的習慣，可以在上面貼個標籤提醒自己。

2 躺在床上，把注意力放在身體上。感覺一下你的身體，看
　它是如何開始移動和伸展。

3 把覺知意識放在呼吸上。做幾次深呼吸，清楚知道自己已
　經醒來，而且正在呼吸早晨的空氣。

4 起身下床，然後開始你這一天的生活，試著保持覺知。早
　晨的例行工作很容易讓你的頭腦意識掉入慣性自動運轉。
　注意一下，當你發現自己沒有活在當下，就把它拉回來。

晨間混亂時刻

　　早晨是最容易讓人陷入混亂的時間。趕著上班、照顧小孩，還得跟自己混沌不清的大腦作戰，要活在當下真的很難。所以需要刻意提醒一下自己，而且要對自己仁慈一點。什麼場合、什麼時刻經常讓你感覺麻煩的，就是你用來修行的最好機會。注意觀察自己，什麼時候你的頭腦和身體開始感覺有壓力。你不需要對它做任何事，只要耐著性子去觀照它的發生就好。光是「觀照」這個過程，就能幫助你更深刻去了解它，之後也比較不會被它傷害。

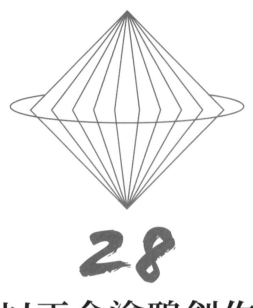

28
以正念塗鴉創作

．
．
．

時間 | 10 分鐘

　　在一天當中花一點時間來塗鴉創作，可以為你生活各方面都帶來好處。塗鴉創作可以增進你的自我覺察力、紓解壓力，幫助你更輕鬆解決問題。此外，你還可以在畫畫時培養正念。你可以選擇任何創作形式來做這個練習，同時記得，任何時刻你都可以停下手邊的工作，用這個方法來培養你對當下的覺察力。

步驟

1　準備一張白紙和一支筆。如果你想用蠟筆、麥克筆或是有色鉛筆，那更好。用計時器設定好 10 分鐘，可以讓你更專心創作。

2　開始畫畫時，把覺知意識帶到當下此刻。感受你手中握著筆的感覺，看著這張紙，觀照你腦中是否出現任何念頭。如果發現你開始批判自己的創作才能，一樣單純觀照這些念頭。

3　開始畫畫。你不需要畫出什麼傑出的作品。隨手亂畫的線條塗鴉都沒問題，只要畫你想要畫的就可以了。也許是你記憶中的美好時光、風景，或是你當下看到的某樣東西。

4　一邊畫畫，一邊觀照你正在畫畫。如果你畫的是一個人，觀照你正在畫一個人。你的手在移動，就觀照那個移動。如果發現有情緒出現，仔細看看這幅畫是否也是快樂的、悲傷的、開心的、美好的等等。

5　特別注意一下自己是不是有升起批判的念頭。無論你覺得自己多會畫畫，可能會發現，你的頭腦還是在告訴你說，你畫得不好。感謝你的頭腦，它讓你知道這件事，然後繼續畫畫。

6 10 分鐘後，把筆放下。看一下自己畫的東西，好好感受它。檢視這張畫上面的那些線條、圖形，還有整個圖案。再次注意一下，你是不是升起任何自我批判的念頭。要不要把這張畫留下來都可以，因為重點是畫畫的過程，不是結果。

其他型態的創作

你也可以用其他型態的創作來做這個練習。比如：彩繪填色書、攝影拍照、彈奏樂器，或是跳舞。不要自我設限！給自己 10 分鐘沒有自我批判的時間，做你熱愛的事情。

做菜時正念分明

時間 | **15 分鐘**

　　烹飪或做菜，是你跟食物建立美好連結的一個機會。做菜時，你的身體和頭腦可以同時培養正念，而且也是對你即將要吃的食物保持正念。無論你做的是快速簡單的菜，或是準備一場盛宴，都可以用這個練習培養自己活在當下的能力。

1 首先，從你把食材從冰箱或櫥櫃裡拿出來開始。對你現在
要做的這道菜，在心中觀想一個畫面，個別食材和完成之
後的樣子，兩者同時呈現在觀想畫面中。在心中升起一個
意念，你現在要做這道菜。

2 開始準備材料時，把覺察力放在你的身體上。感受你的身
體在廚房空間來回移動，拿取每一樣東西。你可以把每個
動作的速度放得比平常慢，來幫助你培養正念。

3 切東西、攪拌、準備材料，每次只專注做一件事。打開爐
火時，不要只是打開爐火，要帶著全部的覺知去做這件事。
無論你在做什麼，都全然專注於你眼前正在做的事。

4 使用你的五種感官覺受。注意自己是否聽到什麼聲音、身
體上有什麼感覺、嚐到什麼味道、聞到什麼氣味、眼睛看
到什麼東西。當你看到水正在滾，知道你正在看，同時去
感受那個熱度和聲音。切菜時，仔細聽刀子發出的聲音，
感受你手中的這把器具，也看看你能不能聞到什麼味道。
使用你的五種感官覺受，讓自己保持活在當下，而且興致
盎然。

5　做完這道菜之後，停下來欣賞和感謝這整個經驗。你知道
　　自己在這件事上努力了。對一開始把食物帶到你的廚房的
　　這個能量表達感謝。如果這道菜是要做給其他人吃，心裡
　　想著，你正在把營養提供給你所珍愛的這些人。在心裡對
　　此表達感謝。

「做菜既是童心的遊戲同時也是成人的樂趣。專注於做菜的當下，就
是一種愛的舉動。」——克雷格·克萊本 (Craig Claiborne)，《紐約時
報食譜大全》(The New York Times Cookbook)

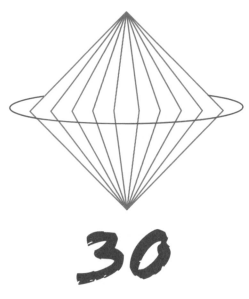

30
帶著正念說話

.
.
.

時間 | **5 分鐘**

　　人類是社交動物。你很難一天都不跟任何人互動,無論你是跟家人在一起、跟室友同住,或是工作時與人接觸。當你說話時,可以把正念帶入到你所說的話語中,看它是如何在別人身上產生影響力,以及你自己真正的意圖是什麼。這個練習只需要花幾分鐘時間,而且任何時候都可以做。一天做個一、兩次,當你講電話時、跟你所愛的人說話時,或是跟人社交互動時,都可以做。

步驟

1　說話之前，把正念帶到你的動機意圖中。問自己，為什麼你現在要說這些話，無論你打算要說什麼。看看是否可能用一種更友善或更有耐心的態度把這些話說出來。

2　思考一下，你現在要說的這些話時機是否恰當、是否有用處。很多時候我們只是在聊一些八卦、亂插話，或僅是為了避免沉默的尷尬而說話。想一下，講這些話的時機是否恰當，以及為了什麼目的你要講這些話。

3　如果你講出的話可能會貶損到其他人、會打斷別人談話，或者並不是事實，不妨再想想，是否有必要把它們講出來。

4　說話時，把速度放慢，專注於你所用的詞彙。當有人回應，無論是用口語回應或者肢體語言回應，觀察一下你有什麼感覺。請記得，你無法控制別人的言行感受，但是你可以用正念來回應。

5　當你說完話之後，就把那些話放下。聽聽別人說話，然後等待下次開口的正確時機。當你愈常練習帶著正念說話，就愈有辦法輕鬆自在迎接各種對話上的挑戰。

覺察自己的不智話語

　　你可能會注意到，自己有時候講話並沒有帶著正念。你可以給自己設定目標，來改變你的說話習慣。當你發現自己又在八卦，就在心裡升起一個意念，告訴自己要停止八卦。假如你經常打斷別人說話，就對這個模式特別覺察。不要責怪自己，這是你成長的機會。要用悲憫和仁慈的心來改變這些習慣。

31
帶著正念洗碗

時間｜10 分鐘

　　禪修會時，我都會一個人安靜洗碗盤，每天都要洗上好幾十個碗盤。很感謝多年來一直有這個機會可以藉由洗碗來修習正念。很多人都很害怕洗碗這件事，經常匆匆忙忙隨便洗，想要趕快把它做完。其實你也可以不要把它當成苦差事，而是帶著當下的覺察，在洗碗當中找到平靜。

1 看著你要清洗的這些碗盤餐具。察覺自己內心對這件事升起什麼反應。試著回想剛剛那一餐吃過的食物，想著它為用過這份餐點的人帶來的健康和生命力。

2 做幾次深呼吸，將覺知意識放在身體上。感受一下你現在站立的地方，以及整個身體重量由脊椎往下壓在腳上的感覺。

3 開始洗碗，一次洗一個。把注意力放在你眼前的這個碗盤上。洗的時候，感受一下你聞到的肥皂味和食物味道。看著碗盤開始變乾淨。感覺溫水流過你的雙手。聽水在流動和你擦洗碗盤的聲音。

4 慢慢把碗盤放進瀝乾槽或烘碗機裡面，把覺知意識放在你身體的動作上。

5 接下來洗另一個碗盤，把它當作一個新的開始。把你剛剛洗過的那個碗放下，也不要去想還有多少碗盤沒洗。只專注於你眼前正在清洗的這個碗盤上。

6　觀照你的頭腦。如果開始出現雜念，就把它拉回來洗碗這件事。任何時候你都可以讓自己停下來，做幾次深呼吸，讓自己回到眼前當下。

7　當你洗完最後一個碗盤，不要馬上結束這個練習。繼續保持當下的覺察，把雙手洗乾淨。帶著感恩之心，感謝有這段時間讓你暫時得到安靜。

32

帶著正念打掃

•
•
•

時間 | 10 分鐘

　　跟洗碗一樣，打掃工作可以讓我們從奔忙不停的日子當中暫時離開，在當下的觀照覺察中得到休息。這次你不需要把注意力放在工作本身，或是去感受你對打掃這件事的感覺（大部分人通常都不會喜歡打掃家裡），只把打掃的時間當作一個關注自己的機會，來培養正念習慣就好。

　　接下來我們會用掃地來做這個練習。實際上你自己可以視情況，利用任何一種打掃工作來培養正念，拖地、擦桌子、清洗流理台，或是做其他家事都可以。

步驟

1　從拿取清潔用具開始。走去拿掃帚時，好好感受你的雙腳在地板上移動的感覺。覺察你在這個空間移動時身體的各種感覺。

2　拿起掃把時，覺察你的手跟它接觸的感覺。如果你的頭腦開始亂飄，想著等一下要怎麼打掃，就把念頭拉回此刻身體的感覺上。

3　掃地是一種重複的動作，很容易讓人感到無聊。你可以嘗試默唸短語的方式，讓自己專注於當下動作。比如，一邊掃一邊唸著「左邊、右邊」，或是反覆誦唸一句短語，像是「願我活得輕鬆自在」。每移動一次掃把，就隨著動作在心裡默唸一次。

4　察覺你當下的心理狀態和心情。如果感覺沮喪，知道自己感覺沮喪。如果對某些髒汙感到奇怪，也知道自己當下升起了奇怪的心情。

5　繼續打掃，記得對身體和心情狀態保持覺察。注意你身體的移動、那些重複的動作，還有你內心升起的任何情緒。如果需要，隨時都可以用默唸短語的方式幫助自己保持專注。

6　完成打掃工作後，靜靜站著不動，做幾次深呼吸。觀看你剛才打掃過的空間，你知道，這代表你的頭腦也被打掃乾淨了。

33
寫日記

時間│**10 分鐘**

　　寫日記是一種用來檢視自己修行經驗的好方法。每天花幾分鐘時間書寫，最好是在一大早和晚上都做這個練習，這樣你就可以帶著正念來展開和結束這一天。準備一本專用的日記或筆記本，可以幫助你持續練習。

1 　早晨撥出 5 分鐘時間坐下來寫日記。坐在椅子上,把注意
　　力放在身體,察覺你的坐姿、雙腳踩在地板上,以及手上
　　拿著筆的感覺。

2 　做幾次深呼吸,讓自己穩固在當下。感受一下今天早晨你
　　的心情,是平靜、焦慮、擔憂,還是充滿希望?不需要什
　　麼改變,只要觀照當下的心情就好。

3 　花幾分鐘時間,帶著正念覺察寫下你目前的感受以及今天
　　要做的事。如果覺得有困難,你可以設定計時器。寫下你
　　今天早上的心情感受、心理狀態,以及你今天想要做的事
　　情。問問自己,心裡是不是有什麼煩惱、有什麼期望,或
　　者在思考某些事。

4 　寫完之後,做幾次深呼吸,然後展開今天要做的事。

5 　晚上,再記錄一次。花 5 分鐘時間,反思今天發生的事。
　　有沒有任何想感謝的事情,或是有什麼事情你覺得可以改
　　進做得更好,還有,把這一天所做的正念練習也記錄下來。

靜坐冥想日記

　　你也可以把寫日記加到你的靜坐功課當中。靜坐冥想結束後，打開筆記本，把剛剛的經驗寫下來。靜坐時，你的頭腦是專注還是散亂？過程感覺如何？有沒有什麼特別的或有趣的經驗？把這些體會寫下來，你就多了一個空間，可以帶著好奇心和平靜心來檢視自己修習正念的經驗。

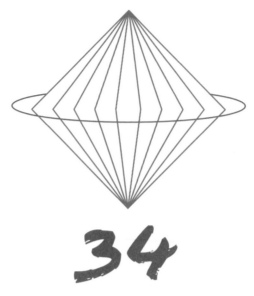

34
變動無常的世界

• • •

時間 ｜ 10 分鐘

　　正念的核心本質是：無論任何時刻都對你的當下經驗保持覺察，並觀照你當下的每一個經驗都是變動無常的。意思就是說，萬事萬物無時無刻不在變動。感覺來了又去，念頭升起又消逝，聲音出現又消失。我們也可以利用這個變動的本質，來作為一天觀照覺察的對象。覺察外部世界的一切變動，可以幫助你認清行動的無常性，讓你可以把焦點放在許多事物上。

步驟

1 在戶外找一個地方坐下來，或是坐在窗邊也可以，眼睛保持張開不要閉上。在心中升起一個意念，現在你要把覺知意識放在當下。把注意力放在身體和呼吸的出入息，清清楚楚知道自己現在在哪裡，以及現在是用什麼方式坐著。

2 靜靜坐著不動，然後開始觀察身體上有動靜的地方。把注意力放在呼吸上，觀察你的腹部、胸部、肩膀，任何你感覺到有變動的地方。

3 打開你的聽覺。注意身邊出現的任何聲響，仔細聽這些聲音的變化。你可能會聽到車子來來回回的聲音，呼吸在你身體進出的聲音，小鳥啾啾叫又停下來，或是其他聲音出現又自然消失。當你聽到某個聲音，請專心聽那個聲音一會兒，然後才把它放掉，重新聽其他聲音。

4 最後，用眼睛去看外面世界的動靜。你能不能看到這個世界正在變動或變化？有些變動可能很明顯，比如車子在路上走動、樹木在風中搖動，或是人們在走路移動。你可能還會注意到有些變動和變化是比較細微的，比如秋天的葉子變黃、雲在空中飄移，或是地上逐漸出現一個水窪。

5 這樣觀察 10 分鐘後，把注意力拉回到身體感官覺受的變化。定靜休息一下，然後回到平常生活工作中。

35

為你的世界著色

• •

• •

時間｜10 分鐘

　　世界充滿了各種不同色彩，你只要把注意力放在當下看到的顏色，就可以練習正念。眼睛所見跟察覺呼吸或身體是非常不一樣的經驗，但同樣都可以讓我們有機會真真實實活在當下。我們一向非常倚賴我們的視覺，不妨就把它當作修習正念的有力工具吧。

1 任何地方都可以做這個練習。無論你是坐在書桌前、正在搭公車，或是在街上走路，都可以隨時花 10 分鐘來練習。

2 把覺知力放在當下。專注做幾次深呼吸，感覺你身體所在的環境，把你的能量穩定下來。

3 選擇一個你今天要專注觀看的顏色。可以先從紅色開始，然後依照彩虹的七彩顏色，每天輪流用一個顏色來練習。

4 找一樣剛好是你今天選定的這個顏色的東西。帶著初見之心去觀看它，好像你從來沒看過這樣東西，今天第一次見到。觀察它的外觀，還有它的大小、形狀。

5 一陣子之後，再找另一樣東西，同樣是這個顏色的。同樣以這種方式觀察它。

6 繼續做這個練習，同時注意自己的頭腦什麼時候開始分神。只要一察覺到雜念出現，就把它拉回到呼吸上，用呼吸出入息來作為覺知意識的定錨。你可能會發現，在心裡默唸你眼睛看到的東西可以讓你更專注。比如說，當你看

到十字路口的紅燈，不要馬上把它貼上一個標籤叫做「紅燈」，而是把它變成是「紅色、八角形、文字、金屬」。

7　這樣持續做 10 分鐘，然後把眼睛閉起來一下。做幾次深呼吸，把這個練習放掉，回到平時日常生活。

充滿色彩的一天

你也可以根據自己的習慣稍微修改這個練習。選一個顏色，用它來作為你的覺察啟動器（參考第 114 頁的練習 26「覺察的啟動器」）。一整天都鎖定這個顏色，看到時就以正念觀照它。這個練習可以讓你在一天中時時保持專注於當下，或是在日常活動中隨時可以回到正念狀態。

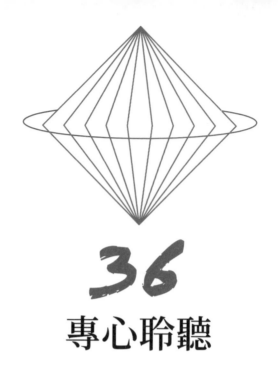

36
專心聆聽

時間 | 10 分鐘

　　這個練習需要有一位同伴。可以邀請你的朋友或家人來幫你做這個 10 分鐘的練習，無論對方是正念練習的初學、或者已經修習一段時間，都沒關係！

　　在練習當中，你們兩個人都要做正念聆聽練習。你選擇的這位練習同伴應該是你能夠信任的人，因為這個練習需要雙方的心都很敞開才行。

　　負責聆聽的人應該專注聆聽，保持開放的心，不帶任何判斷。全然專注地聆聽，不要想著要回話。當你負責聆聽時，覺察自己在聆聽對方說話，感受一下什麼是活在當下的聆聽。

　　輪到你說話時，練習帶著正念說話。保持真實開放，不要怕受傷，同時正念觀照自己說出的話語。

步驟

1　坐下來，跟你的練習同伴視線同高。決定一下誰先說話、誰負責聽。

2　用計時器設定四分鐘。先說話的那個人可以談談自己有什麼目標和理想，無論是對自己的生活、對家人的期待，或是對未來的願望等等。

3　時間到了就交換角色。另一個人也可以談談他自己的目標和夢想，另一個人則練習正念聆聽。同樣設定 4 分鐘。

4　時間到之後，花一點時間對談。覺得這個練習如何？只坐著聆聽，給你什麼感覺？不回話是不是很困難？

小技巧提示：你也可以更換自己想要談話的主題。如果你不想談目標夢想，也可以談談你內心害怕的事情、一些愉快的回憶，或是這個禮拜過得如何，任何事情都可以談。這個練習一方面可以讓你用來檢視生活的各個層面，一方面學習如何活在當下專注聆聽。

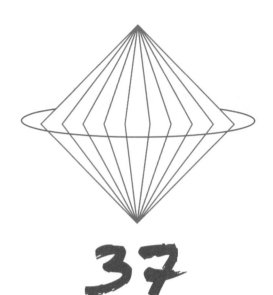

37
帶著正念洗澡

．
．
．

時間｜**10 分鐘**

　　淋浴和洗澡的時間非常適合來檢視一下，你是讓你的心散亂紛飛，還是乾脆把自己的感覺關閉。當然你也可以有另一種選擇，利用這段時間來做正念練習，把洗澡時間當作身心淨化的一個儀式。你可以在洗澡時練習開啟你所有的感官覺受，不過這個練習主要是針對身體上的觸覺。

步驟

1　從打開水龍頭開始。先靜靜站著一會兒，把覺知意識放在胸部的呼吸起伏上，感覺你的肺部隨著吸氣擴張，又隨著吐氣收縮。

2　打開水龍頭，感覺你的手跟龍頭把手的接觸，看著水開始流出來，聽水流出的聲音，看著整間浴室充滿熱氣或水蒸氣。

3　開始洗澡，感受你當下的感覺。你可能會注意到溫度的變化、水流過你身體的感覺，還有你的身體跟水接觸時的反應。

4　照你平常的方式洗澡，仔細感受你的每一個動作、觸感，以及身體上每一個接觸點的感覺。使用沐浴乳時，把注意力放在雙手和身體皮膚上。動作要比平常更慢一點，可以幫助你保持當下的覺察力。

5　洗完澡之後，也不要放掉你的覺知意識。把水龍頭關掉、走出淋浴間時，都要保持對於當下的覺知。把身體擦乾時，感受浴巾包住你身體的感覺。然後去做其他事，但依然保持著這種對於身體的覺察意識。

38

我喜歡⋯⋯

．
．
．

時間│ 15 分鐘

　　讓自己能夠愉快地修習正念的方法之一，就是練習觀照那些讓你開心的事。這個練習能夠訓練你的心，讓它有能力辨識出什麼是快樂。做這個練習時，你需要走一小段路，同時觀察什麼事情能夠讓你愉快。

步驟

1　找一個可以散步走路的地方。可以是公園、路邊步道或是你住家周圍。不需要去哪個特別的地方。

2　開始走路之前，先靜靜站著，做幾次深呼吸。注意你的呼吸從你鼻孔進出的感覺。站穩腳步，把注意力放在雙腳，感覺身體壓在腳上的重量，以及地心引力把你牢牢穩固在地面上的感覺。

3　用正常速度開始走路。一邊走路，一邊尋找你喜歡的東西。你可能不會很愛你所看到的或經驗到的每一樣東西，但總有一些是你喜歡看到的、感覺到的或是聽到的。可能很單純是某種顏色，或是一件東西的形狀樣態（而不是那件東西本身）。

4　當你發現某樣你喜歡的東西，就對自己說：「我喜歡那棵樹」、「我喜歡那個藍色」、「我喜歡聽鳥叫聲」。每次當你注意到什麼東西讓你心情愉快，就默默對自己這樣說，當然你也可以大聲說出來，隨你高興。

5 　請記得，沒有對錯之分，練習時不要下判斷。只要對自己保持真實，清楚自己喜歡什麼就好。當你開始出現雜念，或是開始下判斷時，就把注意力拉回到當下你的雙腳踩在地上的感覺。然後繼續保持敞開，繼續練習、找你喜歡的東西。

6 　這樣做 15 分鐘，然後回到平常該做的事。試著刻意把這個練習帶到你的生活中。任何時候，當你看到某樣讓你感覺愉快的東西，無論那個快樂有多小，都了了分明自己的喜歡。

「快樂不會平白無故出現。你必須選擇快樂，而且持續每一天都做這個選擇。」──盧雲神父 (Henri Nouwen)，《心靈愛語：經苦痛、歷自由》(The Inner Voice of Love: A Journey Through Anguish to Freedom)

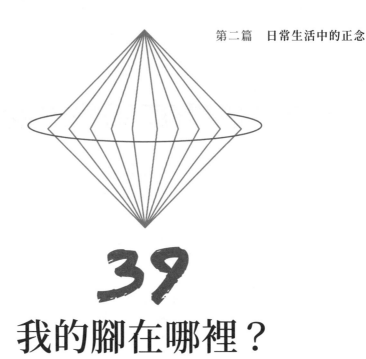

39

我的腳在哪裡？

· · ·

時間 ｜ 15 分鐘

　　這個練習是來自我的創傷治療訓練。在創傷治療中，個案
經常會被提醒要覺察自己的雙腳。這是一個接地扎根的練習，
有助於調節副交感神經，讓我們的身心處於平靜狀態。

1 思考一下，在一天當中你想要用什麼方式提醒自己察覺自
己的腳。可以在電腦上貼一張便利貼、設定手機提醒鬧鈴，
或是使用你之前練習過的覺察啟動器。如果你是用便利
貼，可以寫一個簡單的問句：「我的腳在哪裡？」

2 在這一天當中，把覺知放在你的雙腳。感覺它們當下的姿
勢，從腳後跟到足弓、腳掌、腳趾、趾尖，兩隻腳都掃描
一次。

3 繼續把注意力放在腳上，做幾次深呼吸。讓身體和頭腦都
安靜下來。隨著每一次吐氣，讓雙腳徹底放鬆。

4 做完 5 分鐘練習，繼續過你的生活，等待下次鬧鈴的提醒。
每一次，都重複這個雙腳放鬆和扎根的練習。

40

帶著正念買東西

⋮

時間｜15 分鐘

　　逛超市商場往往會讓我們變得很焦慮，很容易出現不耐煩的情緒。決定買什麼東西、擁擠的人群，還有那一長串的購物清單，都讓人很想趕快「逃走」。不過，購物的忙碌行程也為我們提供了非常有效的正念練習環境。

1 進入商場之前，腳步放慢，在心中升起一個意念，告訴自己今天要做正念購物練習。深呼吸，讓身體隨著每一次吐氣慢慢放輕鬆。肩膀放鬆、腹部放鬆，緊張的下巴也放鬆。

2 快要進入門口之前，做一下「動中走路冥想」。感覺你的腳每一次抬離地面，然後又在你身體前方落下。就在這一刻，放掉頭腦的雜念，把覺知意識放在你的雙腳。

3 進門之後，花一點時間感受一下整個空間，打開你的六種正念感官之門：視覺、聽覺、嗅覺、味覺、身體觸覺，以及思想狀態。注意商場裡面的各種顏色和燈光、空氣中飄散的氣味、你身體站立的姿勢、商店裡面的各種聲響，以及你的頭腦狀態。答案沒有對錯，只要去感受你當下經驗到的一切。

4 當你走向購物區開始選購物品，記得保持身體的覺知。感受你的雙腳踩在地面的感覺，以及雙腿肌肉如何帶著你的身體持續移動。

5 拿起你要的東西，放進購物車或提籃，感受你身體跟這些物品接觸時的感覺。你的手臂和手伸出去拿東西，把東西

抓在手裡，感覺那樣東西的質感紋理、溫度以及重量。把它放進購物車，注意它從你手中卸下重量的感覺。

6　帶著對於身體的正念覺察繼續購物。你的手每拿起一樣東西，都是一個練習的機會。買完東西準備結帳，排隊時也帶著正念。請參考第 166 頁練習 45「你在等什麼？」，做一下等待的正念練習。

開啟不同的感官：假如你發現購物時雜念一直很多，可以試著把注意力放在你的其中一個感官覺受上。這時候不要去察覺身體的感受，而是把注意力放在你所看到的顏色或是聽到的聲音。當你看到紅色，知道自己現在看到紅色；當你聽到某人在講話，知道自己聽到某人在講話。這個方法可以讓你的頭腦多一項刺激，幫助你保持對當下的覺知。

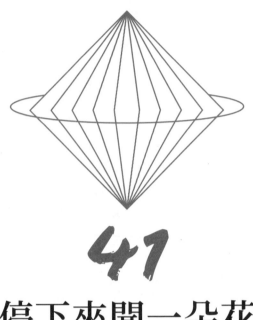

41

停下來聞一朵花

．
．
．

時間 | 15 分鐘

　　這本書裡有很多練習都把焦點放在觸覺、聽覺及思想念頭上。但其實，當我們與自己的頭腦建立連結時，嗅覺的力量是非常強大的。當你聞到某種氣味，會產生一個信號直接傳送到大腦新皮質和邊緣系統，觸發你的記憶、情緒感受以及想法。這個練習會提供你一個方法，讓你學會如何在生活中用嗅覺來做深度的自我探索。

步驟

1 找一個戶外場所，可以讓你待十5分鐘的地方。可以是公園、你住家周圍附近，或是外面的一條小路。

2 一開始，先讓自己穩固在當下。把注意力放在外部環境，而不是放在身體上，張開眼睛，聽周圍的聲音，清楚知道自己現在人在哪裡。

3 開始帶著正念走路。比平常的走路速度稍微慢一點會比較好。同時保持對於外部周邊環境的覺知。

4 當你看到身邊出現某樣可能帶有氣味的大自然東西，就停下來，聞一聞它。也許是一朵花、一株藥草、一棵植物，或是下雨過後地面出現的氣味。閉上眼睛，專心聞，全神貫注去聞這個氣味。讓自己完全沉浸其中，讓嗅覺成為你唯一的注意力焦點。

5 這樣聞一段時間，將它放掉，然後繼續走路。當你又遇到另一樣有氣味的物體，就停下來聞它。保持好奇心和敞開。這個練習跟其他感官覺受的練習不一樣，因為你必須刻意去聞某樣東西，而不僅僅是觀照而已。

6 做完這個練習之後，試著在這一天不斷複習。無論是在吃飯、喝茶、開車回家的路上，都去察覺各種氣味的出現和消失。觀察你對這些東西的氣味有什麼反應，通常我們對於一個氣味喜歡或不喜歡，反應都很強烈。

42

帶著正念入睡

．
．
．

時間 ｜ **10 分鐘**

也許你在白天的時候都能夠持續修習正念，但晚上一躺在床上，頭腦就開始雜念紛飛。在你晚上靜下來的時候，頭腦可能還沒辦法正確判讀當下的情況；當白天的刺激不再出現，頭腦的雜念就會變得很明顯。這個練習可以幫助你在晚上讓頭腦和身體都進入定靜狀態，讓你順利入眠。

1　站在床邊，做幾次深呼吸。讓自己專注於當下，把覺知意識帶到此刻的身體感覺上。

2　爬到床上的過程，依然保持著對身體的覺察。躺下時，感覺身體進入一種定靜休息狀態。

3　利用呼吸來保持對身體的覺察，全身放鬆。吸氣時，感覺肺部充滿空氣；吐氣時，感覺身體慢慢鬆軟下來，往下沉。觀想自己隨著每一次吐氣，愈來愈沉入床墊之中。

4　開始做身體掃描，從頭頂開始，沿著身體往下到腳趾。掃描到哪裡，就隨著每一次吐氣讓那個部位完全鬆軟下來，沉入床墊中。

5　掃描完腳趾之後，把注意力帶回到整個身體，練習深沉的呼吸。讓身體完全鬆軟下來。

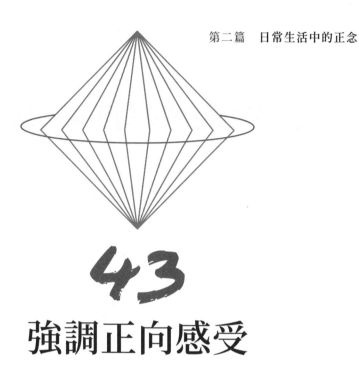

43

強調正向感受

. . .

時間 | **5 分鐘**

　　著名心理學家兼正念教師瑞克・韓森指出，我們的大腦天生就有負向偏誤的思考慣性。頭腦很自然會緊緊抱住那些不愉快的經驗，好讓自己感覺有所依靠，遠離危險傷害。如果能夠積極找出愉快的經驗，就可以鼓勵你的大腦去改變那些負向偏誤。俗話說，你關心什麼，那個東西就會長大──只要你努力去尋找快樂的經驗，你就一定找得到它。

　　在這個練習當中，你會學習到如何特意把正念帶進來，去覺察你生活中的愉快時刻。

1　首先，在心裡告訴自己，要在這一天努力去發現一些好事；像獵人那樣，努力尋找那些帶給你快樂的事。

2　當你發現有某件事讓你覺得快樂——也許是解決了某件困難的事，或是跟一位老朋友通電話——請全神貫注於這個時刻。首先，觀察自己的心理狀態。試著辨認你的頭腦對這個經驗的感受，比如：平靜、放鬆、開心、滿足等等。

3　接下來，把你的覺知意識帶到身體上。把注意力放在胸腔、腹部以及肩膀。覺察你的身體是不是很放鬆、很敞開，或是感覺鬆了一口氣。隨著你的呼吸，創造一個空間來感受這些快樂。

4　不要緊緊抓住這些感覺，試著對這些經驗保持覺察就好。讓這些感覺自然消逝，當它們離去時也了了分明。

5　保持這種開放的覺察力，搜尋你這一天感受到的快樂經驗。請記得，快樂不代表你的情緒一定是興高采烈；小小的滿足、輕鬆自在的時候，也是一種快樂。

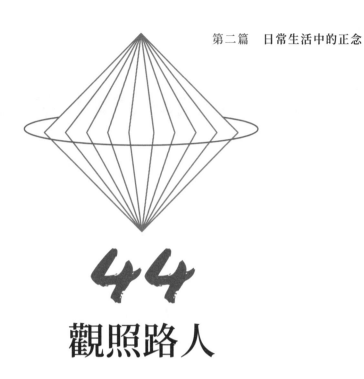

44

觀照路人

. . .

時間｜5 分鐘

　　修習正念不僅可以讓我們清醒覺知自己的身體和頭腦，也可以讓我們對周遭環境有清明的覺察，也就是所謂的「外部正念」，這是正念練習中非常重要的部分。當你看到一個人，你是看到一個三次元的立體存有嗎？還是你會幫他們貼上一些標籤，比如：「收銀員」、「賢妻良母」，或「討厭的同事」？藉由這個練習，你可以訓練你的頭腦，客觀去看其他人，你知道他們就是平常人，跟你一樣。

1 　你可以利用身邊有人時來進行這個練習。無論是在工作場
　　合、在購物商場，或是坐在公園的長椅上，都可以花幾分
　　鐘來練習。從你不認識的陌生人開始，效果最好，因此我
　　會建議在公共場所練習。練習幾次之後，再慢慢應用在你
　　所愛的人身上。

2 　當你看到某個人，觀照自己習慣性給那人貼上什麼標籤。
　　你是不是覺得此人很有吸引力，他做什麼工作、是什麼角
　　色，或是快速做出其他判斷。不要去壓抑任何東西，或是
　　否認當下的這些念頭——頭腦的設計原本就是把事物分類
　　和貼標籤，我們每一個人都會對其他人下判斷。不要排斥
　　出現的念頭，只要觀照自己當下在做什麼就好。

3 　用第一次見到這個人的心情去觀察這個人。一開始先把他
　　們視為一個活生生的、正在呼吸、有感情的人。你知道這個
　　人有他自己的朋友、有工作，也需要一個地方讓自己獨處 5
　　分鐘。這個人很愛他身邊的人，而且身邊的人也愛他。

4 　開始去感受這個人可能經歷過的事情。跟你一樣，他們也
　　有期望、有夢想、有恐懼、有悲傷、有懊悔、有喜悅。你
　　不需要知道這個人全部的生命故事，才能確定他們的生命
　　有歡喜也有悲傷。

5　結束練習之前，想一句溫暖的慈悲短語來送給他們，比如：
　　「祝你今天心情愉快。」

6　你可以在這一天當中持續做這個練習，每遇到一個人就做
　　一次。只要花幾分鐘來反思，對自己當下的思維正念分明，
　　然後送給對方一句溫暖的話。

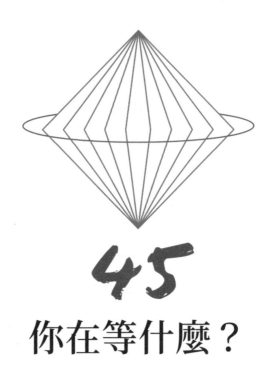

45
你在等什麼？

⋮

時間 | 10 分鐘

　　生活中難免會遇到需要等待的時刻。我們經常都在等待——塞車時要等、去政府機關辦事要等、在餐廳吃飯也要等，等待常讓我們覺得不耐煩或生氣。我們把全部的注意力都放在排隊這件事，想要趕快把事情做完。

　　這種時候，除了等待，我們什麼事情都不能做，而這剛好就是練習正念的最好機會喔。

步驟

1　任何時候當你需要等待，就可以做這個練習。無論是實際上在排隊，或是在等待某人的電話，都可以用這個等待的時間來修習正念。

2　把注意力放在你在等待的事情上。你可能正在等待某件特別的事情。心裡想著這件事，你知道自己正在等待。

3　檢視一下，等待的時候你是不是覺得不耐煩，或是感到生氣。觀照你身體裡的這股能量，你可能會因為坐立不安而急著把手機從口袋裡掏出來。如果你發現自己有不耐煩的情緒，請把自己放軟，去感受這個不耐煩，允許它的存在。

4　感覺你的腳平放在地板上。慢慢掃描你的身體，從地面開始逐漸往上，每一次呼吸就感受身體的一個部位。用掃描身體的方法讓自己活在當下，注意一下是否遇到任何阻礙。

5　當你在隊伍中慢慢前進，或是快要排到你時，仍然繼續做這個身體的正念覺察練習。注意你的身體是不是開始感覺比較輕鬆，或是變得比較興奮，因為你排在隊伍前面了。當你排在隊伍最前面，看到有一堆人排在你後面時，察覺一下你的身體有什麼感覺。

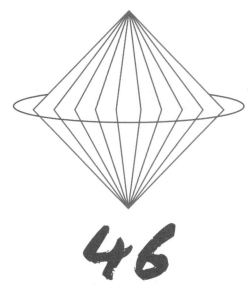

46
偷偷丟出慈悲炸彈

．
．
．

時間 │ 15 分鐘

　　我第一次學到這個方法，是在洛杉磯的一個全日靜修會。由於我們的團體成員大多在城市裡修禪，老師便向我們介紹了這個可以在日常生活中修行的方法。雖然這是一個培養慈悲心的練習，它一樣可以幫助你放下雜亂的思緒，學習集中心念。

步驟

1　不論是走路、開車或是坐著，只要旁邊有人，你就可以做
　　這個練習。你可以把它變成每日固定做的功課，也可以特
　　別撥出時間來練習。

2　每一次選定一個人，不管是誰都可以，只要你的注意力被
　　他吸引。看著這個人，你知道這個人內心懷有希望、夢想、
　　恐懼、懊悔、回憶，也有自己所愛的人。跟你一樣，這個
　　人也想要得到快樂。心裡想著一句慈悲溫暖的話，比如：
　　「祝你每天活得輕鬆愉快」，把這句話送給他。

3　接下來再選下一個人，重複以上的步驟。讓自己享受這個
　　把「慈悲炸彈」丟給一個人的那種快樂。

4　持續這樣做幾分鐘。如果已經找不到其他人了，就重複對
　　剛剛做過的人再做一次。或者，你也可以把這個慈悲炸彈
　　丟給自己。

5　當你抵達目的地，或是準備去做別的事，就可以把這句慈
　　悲短語放掉。任何時候、任何地點，只要你想提醒自己慈
　　悲，隨時可以把這些話語重複用上。

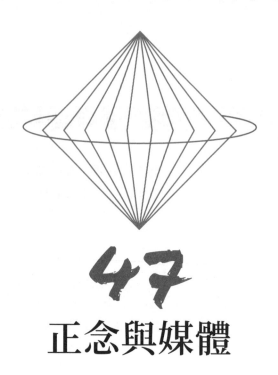

正念與媒體

· · ·

時間 | 20 分鐘

　　就跟你吃進身體的食物有健康的、也有不健康的一樣，我們一天當中也不斷在接收各種媒體資訊。你會聽音樂、看電視、讀新聞等等。媒體雖然提供我們知識和娛樂，卻也可能在我們的頭腦裡製造焦慮和壓力，甚至讓我們與現實脫離連結。

　　這個練習提供了幾種不同的方法，讓我們在接收各種媒體資訊時能夠同時保持正念。每一個步驟都可以單獨進行，不一定要每個步驟按順序做完。

步驟

1　首先，思考一下，你現在選擇接收的媒體可能給你帶來什麼影響。你正在閱讀的這些新聞可以讓你增加知識？還是會讓你覺得沮喪？或許你看的電視節目裡面充斥著暴力，讓你神經緊繃。這不是要你幫一個電視節目、一則新聞事件，或是一首歌曲貼上好或壞的標籤，只是讓你去認清，你所選擇的媒體內容會為你帶來什麼效果。

2　當你在觀看某個媒體時，注意你身體和頭腦有什麼反應。如果你正在看電視，可以趁廣告時段把電視調成靜音，感受一下你目前的狀態。當你閱讀一個新聞事件，讀幾個段落就暫停一下。感受一下你的身體，是否覺得有壓力、焦慮，或是熱血沸騰。

3　無論你是看電視、閱讀新聞或是聽音樂，都試著讓自己完全活在那個當下。觀察電視裡的每一個人物，留心新聞事件的所有細節，聽一首歌曲當中的個別樂器演奏。全神貫注，沉浸在當下經驗中。

娛樂效果被毀了？

　　你可能覺得這個練習會破壞你的媒體閱聽經驗，比如我們當中有很多人其實把看電視當成一種娛樂，而不是一件需要嚴肅認真的事情。當你開始去拆解你所選擇的媒體，它們可能就變得不那麼有趣了。這很正常，而且它本來就是練習的一部分。看看你是否依然能夠帶著欣賞和輕鬆的態度來消費這些媒體，不要把它看得太嚴肅。當你在接收這些媒體資訊時，也感受自己的快樂、開心歡笑，以及其他正向情緒等等。

48
帶著正念開車

．
．
．

時間｜10 分鐘

　　開車時，有人可能覺得壓力很大，或是頭腦無意識自動運轉、或者經常令人感到氣噗噗。但是就跟洗澡時間一樣，開車也是修習正念的一個絕佳機會，或許是因為，開車是我們一天當中從一個活動過渡到另一個活動的交接時刻。

　　假如你是負責開車的人，請務必記得，安全第一！你可以先試著在停車場做這個練習，或是選擇在住家附近無人之處，或能讓你安心開車的地方也可以。此外，練習帶著正念開車，能夠幫助你在開車時減少分心，讓你成為一名更優秀的駕駛。

1 首先，從你實際上開始開車之前練習起。坐進駕駛座的同時，感受你的身體跟車子的接觸點。感受你的腳放在踏板上的感覺、你的屁股坐在駕駛座的感覺、你的手放在方向盤上的感覺。然後發動車子，感受和聆聽車子正在發動的感覺。

2 然後開始開車，對整個開車的過程了了分明。你不需要特別做什麼事，只要觀照當下開車的經驗就好。注意其他的車子、聽車子發出的聲音，還有其他所有出現的事物。

3 試著使用簡單的單語標記 (noting) 練習。聽到信號燈的聲音，就在你腦中標記「信號燈」；轉彎時，就標記「轉彎」。對開車過程中的所有動作、聲音、眼睛所見，或是身體感受，都了了分明。

4 如果路途上看到其他駕駛，試著送給他一句慈悲暖語。對這個人說：「祝你開車輕鬆愉快。」

49

打發時間

・
・
・

時間｜ 10 分鐘

　　無論你有多忙，總還是會有一些空檔時間需要去把它打發掉。你可能會滑手機逛社群媒體、玩手遊或是讀新聞。當你有一些時間可以消磨，不妨就把它拿來做正念練習。與其告訴自己那些都是壞習慣、或那樣做不對，倒不如就用它們來幫你修習正念，讓你在這段時間當中得到真正的休息，恢復精神體力。

　　無論上班或是做家事，你都可以用這個練習讓自己喘口氣休息一下，利用這少少的幾分鐘自由時間活在當下。這個練習會特別針對經常使用手機的人，因為這是我們許多人用來逃開日常工作責任最常用的方法。

1　當你有了幾分鐘空檔的時間可以打發，觀察一下，你通常習慣用什麼方式來消磨掉時間（意思不是要你把這些行為當成是壞習慣、或者認為那是錯誤的做法，只是單純觀察就好）。

2　當你進行打發時間的活動，試著把正念覺察帶進來。如果你開始把手機拿出來，注意一下你做這個動作時的頭腦意識狀態。當你開始滑手機逛社群媒體、玩手遊，或是讀新聞時，你有全然活在當下嗎？

3　把你現在眼睛看到的東西當成練習正念覺察的目標物。一心觀照你當下正在做的事。把注意力放在你當下整體狀態，以及你眼睛看到的個別部分。注意它們的顏色、形狀、動作，以及任何吸引你目光的東西。

4　無論是點擊手機螢幕，或是操作手機，都帶著正念覺察你的身體和手機之間的接觸。

5　繼續帶著正念來「殺時間」，溫柔覺照當下所有的動作。不要批判自己，你就是需要休息喘口氣。要為自己感到驕傲，你正在用你的休息時間來關心自己和培養正念。

50

靜下心念

時間 │ 10 分鐘

　　在一天快要結束時，你可能會發現自己愈來愈無法集中心念。我們的頭腦很容易好幾個小時都連續在自動運轉狀態。有時候這會讓我們產生一種焦慮感，或是思考太過快速草率。

　　你隨時都可以用這個練習來讓自己靜下心念，讓自己重新回到平靜的覺知意識狀態。當我們處在心念集中的放鬆狀態時，工作效率會更加提升，也比較能夠活在當下。

1 停下你手邊正在做的事，撥出 10 分鐘來做這個練習。覺察自己當下的頭腦心念狀態。是不是在想著許多瑣事、工作還沒做完，或是擔心未來？如果是，請單純地觀照當下這些念頭就好。

2 利用呼吸來幫助自己放鬆身體。吸氣時，把輕鬆吸進來；吐氣時，讓身體肌肉跟著徹底放鬆。

3 你意識到，雖然頭腦無法時時刻刻都聽你的話，畢竟你還是透過它經驗到快樂、喜悅，以及感恩。請對你的頭腦說幾句溫暖慈悲的話語，升起一個意念，告訴自己要跟它建立一個更溫柔的關係。你可以對它說：「願我的頭腦輕鬆自在」或是「願我跟我的頭腦相處愉快」。

4 持續複誦這些溫暖話語，將它們導入你的頭腦之中。用你頭腦中的這些短語來作為你現在正念覺察的目標物。試著傾聽你腦海中出現的話語，跟這些短語的內涵意義連結。

5 如果發現你的頭腦處在煩躁、焦慮、過度活躍的狀態下，可以使用單語標記法，當下頭腦出現什麼，就用一句話把

它標記出來，比如：「思考」、「焦慮」等等。然後，重新回到你要送給它的慈悲短語。

6 持續複誦這句短語，直到練習時間結束。記得，要保持溫柔，不要有任何強迫，不要逼自己要專注。如果你的頭腦雜念很多，只要單純觀照它在做什麼就好，然後溫柔地把它拉回來。

隨時隨地練習止心：在一天當中，你隨時隨地都可以用這個練習來讓自己回到清醒覺知狀態，尤其是在你覺得特別煩躁的時刻。把「煩躁的心情」當作一個覺察的啟動器，暫停手邊的工作幾分鐘，觀照當下心念的起伏，把輕鬆送給你的頭腦。你可以做個幾次，然後重新回到手邊正在進行的事情。這個練習可以幫助你不斷訓練你的頭腦，讓它有辦法以溫柔友善和清醒的意識來對外界回應，而不至於讓自己淪為雜念的犧牲者。

第三篇

以正念
面對痛苦情緒

生命中的艱難痛苦經常使我們失去正念，而我們每一個人都會有憂煩、挫折、悲傷、憤怒的時刻，怎麼回應這些情緒，就變成一種選擇。如果能以正念來面對這些痛苦情緒，你就能學習到新的方法來化解它，而不會一味把它推開，或是與它們對抗。假以時日，你就會愈來愈有辦法以慈悲和覺知意識來面對這些艱難時刻。

在這一篇的練習當中，我們提供了多種不同的技巧和工具，來協助你以清醒的覺知、慈悲心，以及柔軟心來度過這些艱難的日子。

51

鎮靜身體

· · ·

時間 | 15分鐘

　　當我們的心變得煩躁不安，身體也會跟著產生變化。幸運的是，頭腦和身體之間的關係是雙向相互影響的。當你的身體冷靜下來，心也會跟著放鬆。

　　這個方法我是從坦尼沙羅比丘 (Ṭhānissaro Bhikkhu) 那裡學到的，他是南傳上座部佛教泰國叢林傳統的一位資深比丘。這個練習可以讓我們身體很快達到放鬆狀態，任何人都可以做得到。

步驟

1　找一個地方來做這個練習，坐著、站著、躺著都可以。任何時間、任何地點，只要你覺得需要鎮靜，都可以做這個練習。

2　閉上眼睛。把注意力放在鼻腔的出入息上。做幾次深呼吸，可以讓你更容易專注於當下。

3　從左手臂開始。吸氣時，觀想你的這隻手臂充滿你吸進來的氣。吐氣時，觀想氣從你的指尖穿出去。一邊把感覺放在你的左手臂，同時一邊觀想。如果頭腦有雜念升起，就輕輕把它拉回到呼吸上。

4　這樣做 2 到 3 分鐘之後，換成右手臂。吸氣，讓這隻手臂充滿氣；吐氣，讓氣從右手指尖出去。右手臂也是這樣持續做幾分鐘。

5　現在，把注意力移到你的身體軀幹。吸氣時，觀想你吸進來的氣充滿整個胸腔和腹部，吐氣時，把氣往下推到脊椎和尾骨底部。

6　這樣做幾分鐘，然後輪到雙腿。先從左腿開始做幾分鐘，吐氣時把氣從腳底推出去。然後換右腿，同樣的方式做 2 到 3 分鐘。

7　最後，把個別部分結合起來。吸氣，讓全身充滿氣。觀想你的整個身體從頭部到腳趾全部被你吸進來的氣填滿。然後吐氣，讓氣從手指指尖、脊椎底部以及腳趾穿出去。

52

面對負面念頭

．
．
．

時間｜10 分鐘

　　無論你多麼努力正向思考、對未來保持樂觀，不愉快的想法依然會出現。你無法逃避它們，假裝它們沒出現更是沒用。正念練習可以幫助你帶著好奇心來接觸這些負面想法。當你逐漸了解你自己的負面思想模式，你就不會再受到它們的強烈影響。你可以學習允許它們存在，而不會被它們吞噬。

　　這個練習可以讓你學會不執著於升起的念頭，這樣當它出現時，你就更有辦法去面對它。

1 閉上眼睛，把注意力放在身體的接觸點。感覺你整個人穩穩地坐著。深呼吸，感覺你的身體被椅子或坐墊支撐著。

2 觀照你頭腦升起的一切念頭，看是否有什麼情緒跟著這些念頭出現。特別注意那些負面的想法，把你的感覺或想法用單語標記下來。不要用負面的字眼，只用一些形容詞把每個念頭標記下來，比如：悲傷、不愉快、煩人、痛苦等等。

3 這樣做 5 分鐘，把任何升起的念頭和感受都標記。

4 這個練習的重點在於觀察念頭和情緒的無常。看著每一個念頭升起，當它消失時你也知道得清清楚楚。持續標記你的念頭和感受，可以使用這樣的詞彙來標記，比如：「來了、去了」或是「升起、消逝」等等。

5 5 分鐘後，把注意力拉回到身體上，做幾次深呼吸。提醒自己：念頭來來去去，要不要對每一個念頭都認真，選擇權在你。

放下批判：你可能注意到，這個練習的標題用了「負面念頭」這個字眼，但是練習本身講的卻是「所有的念頭」，無論正面或負面。因為，當你先把某些念頭認定為負面，可能會立刻對它下判斷，而且會排斥它。如果你是把每一個升起的念頭都做感覺調性的標記，可能只會覺得它是「不愉快」。這個方法有助於我們不批判任何升起的念頭。

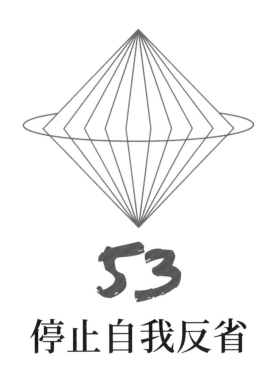

停止自我反省

時間 | 15 分鐘

「自我反省」是一種最具欺騙性的思考模式。它會讓你忍不住一直回想過去，但其實你卻無法改變那些已經發生的事實。你會沉浸在怨恨情緒中，不斷重複過去的對話、不斷鞭打自己，一遍遍重播過去的事件。我們每一個人都有過這樣的痛苦經驗。正念練習可以幫助你看清那些模式，帶著理解之心去回應它們，不再讓自己受到這些事情的控制。

「自我反省」經常會以「背景聲音」的方式出現，腦海中不由自主重複著負面想法，讓你一整天都籠罩在幽暗之中。這個練習能夠幫助你把那個內在聲音召喚到陽光之中，去剖析它，最後，化解掉它對你的控制。

步驟

1　閉上眼睛，用呼吸來幫助身體放鬆。隨著每一次吐氣，讓身體肌肉一點一點鬆柔下來。你可以把注意力特別放在一些重點部位，比如腹部、肩膀、下巴。

2　觀照你內心升起的所有念頭。如果你正在反省什麼事，你也知道你正在想著那件事情。

3　在心裡面把這件事反過來，帶著好奇心和高昂的興致，好好檢視一下這件事。

4　在這個強烈的情緒當中，開始培養你的平等心，保持平靜、不執著於這些情緒。問問自己，你真的有辦法改變過去這件事嗎？用一些短語來培養自己的平等慈悲心：

我無法改變過去。
願我內心保持平靜。
願我以慈悲心面對這個困難。

5　幾分鐘之後，把注意力拉回當下。雖然你無法控制過去，但你可以掌握現在。把自我反省換成一種認知，你知道自己可以選擇讓自己快樂。在心裡默唸這些句子：

願我能行智慧之行。

願我能以慈悲回應。

願我繼續向前進。

6 默唸這些句子大約 5 分鐘。當你發現自己又開始想要自我
反省，就用這些話語來提醒自己往前走。

7 完成這個練習之後，把這些句子帶在身邊。任何時候你的
心又開始落入自我反省的思考模式，就用這些有平等智慧
意涵的句子來提醒自己。

54

釋放壓力閥

．
．
．

時間│10 分鐘

　　有些情緒帶有非常強大的能量，會讓我們的頭腦變得非常活躍，身體變得很緊張。通常在你憤怒、焦慮，或是壓力過大時，經常會有這種情況發生。這個時候，你可以用這個練習來釋放一些壓力，讓自己回復平靜來面對當下情境。

1 首先，閉上眼睛，把注意力放在呼吸上。把氣吸滿胸腔，再一點一點慢慢把氣全部吐光。像這樣做幾次深呼吸，注意力放在胸腔的起伏上。

2 感受一下自己現在的情緒。為了不讓自己完全被這個情緒吞噬，試著幫它取一個可以喚起你愛的感受的名字。比如，如果你現在很憤怒，你可以說那是「憤怒的佛」來了；或是稱它為「小強尼」。這樣做可以幫助你把自己與那個情緒區隔開來，同時也讓自己能夠帶著愛心來面對它。

3 試著找找看，你能否發現這個情緒現在落在身體的哪個部位。你可能感覺胸部有點緊、胃部有個凹洞，或是肩膀很緊繃。不要把這個感覺抹除掉，而是給它一個存在空間。觀想那個情緒是一個很硬的球，就在你發現的那個部位，然後允許它散開來，瀰漫到你全身。持續把覺知意識放在呼吸上，能幫助你在做這個練習時保持穩定。

4 最後，吸氣時把這個情緒的本質部分吸進來，吐氣時把它的能量釋放出去。吸氣時，觀想自己允許這個情緒慢慢消散。不要把那個感覺推開，而是溫柔地允許它繼續存在。你甚至可以試著跟那位「憤怒的佛」或「小強尼」說再見。

55

這是什麼情緒？

・
・
・

時間｜10 分鐘

　　這個練習是從這本書前面提到的一些「身體掃描練習」，
以及上面的「情緒覺察練習」加以改編的。當你感覺情緒很強
烈、但無法確知發生什麼事情時，這個練習特別有用。

　　這個練習需要用到一支筆和一張紙（或筆記本）。

1　撥出 10 分鐘來做這個練習。一天當中任何時刻都可以做此練習，但是當你發現自己當下情緒非常強烈時，做此練習會特別有用。比如說，當你內心焦慮煩憂、壓力很大時，或是感到很開心或充滿感謝時也可以做。

2　眼睛張開，把注意力放在身體上。確認一下，你身體現在哪個部位可以感受到那個強烈情緒。比如，很多人覺得焦慮情緒是落在胸部、胃部，以及手腳四肢；憤怒和恐懼是從胃部開始產生，然後引發肩膀緊繃，導致眉頭緊縮。

3　觀照身體上出現的情緒，把你感覺到的寫下來。把你有感覺的身體部位以及感覺內容速記下來。觀察身體、然後寫下你的觀察，反覆進行這兩個動作。愈具體愈好。

4　全身大致掃描過之後，把覺知意識轉到心念上。察覺你的個別念頭以及整體心情狀態。心情狀態就是，比如你覺得煩憂、充滿希望，或是渴望解決某件事情等等。個別的念頭可能是關於某個人、某件事情，或是某個需要解決的問題。跟前面一樣，把你的觀察寫下來。

5　最後，閉上眼睛一、兩分鐘。把注意力放在眼前視線所看
　　到的景象。是不是感覺很黑，或是很亮？有沒有什麼東西
　　在動？還是有看到什麼畫面？沒有所謂的正確答案。當你
　　張開眼睛，把你看到的寫下來，不要加上評斷。

6　仔細、緩慢閱讀你所寫下的內容。讀完之後，看是否對於
　　你的感覺情緒有了更清楚的了解。

渴望與逃避

　　頭腦的慣性是渴望快樂、逃避不愉快。對修習正念的人
來說，渴望和逃避其實都是造成痛苦的主要原因。當你發
現自己渴望快樂的經驗，而逃避不愉快的經驗時，觀照自
己。你不需要什麼改變，或是調整任何事情。只要觀照它，
當你的心落入「喜歡」和「嫌惡」的區別時，觀照當下經
驗或感受，把你觀察到的寫在筆記本上。

56

冷卻怒火

· · ·

時間｜15 分鐘

　　憤怒這種情緒，會把你整個人吞噬掉，讓你做出一些具有傷害性，或是對事情完全沒有幫助的行為。當憤怒升起，我們的心就會淪為刻薄想法、批評判斷，以及固執行為的犧牲者。如果能給自己的憤怒情緒一點空間，帶著慈悲的覺知意識去回應它，你就會更有彈性，去調整你的憤怒反應。這個練習提供你一個方法，讓你在憤怒的當下知道如何去處理它。

步驟

1　當你發現自己正在生氣、沮喪，或是覺得被激怒，請把眼睛閉起來。你知道你現在很憤怒。不要逃開、也不要告訴自己不要憤怒，更不要假裝它不存在。

2　深呼吸，把氣深深吸進腹部。感覺你的胸腔和腹部全部充滿空氣，然後慢慢吐氣。吐氣時，儘量讓你肺臟的空氣全部空掉。一開始幾分鐘，都做深呼吸。

3　開始在心中回想那件讓你憤怒的事情。剛開始做這個練習時，可以從一些比較輕微的挫折情緒開始，因為盛怒的感覺可能會讓你壓力太大、無法負荷。

4　當你讓自己進入那個憤怒情境，請允許自己去感受身體當下出現的感覺。注意這個憤怒所在的部位的感官覺受。你可能會感覺到肩膀很緊繃、呼吸很淺、胃部有個凹陷，或是身體其他部位的變化。

5　帶著悲憫的覺知意識，去感受你身體上出現的這些感覺。如果感覺哪裡緊繃，就標記「緊繃」，然後做幾次呼吸吐納，讓自己待在那個感受裡。然後將它放掉，重新回來感受身體其他部位，是不是還有其他感覺。

6　這樣做 10 分鐘，仔細檢視身體上感覺憤怒的地方，然後把注意力轉到思想念頭上。問自己，這個憤怒底下是什麼？是什麼東西引起憤怒？也許是你覺得痛苦、覺得被背叛、想要掌控某些事情，或是覺得缺乏安全感。如果一開始找不到，請再稍微有點耐心，等待看看有什麼東西出現。

7　當你發現憤怒底下藏著的東西，請給它一個名字。如果發現你覺得自己受傷了，就標記「受傷」。然後用一句慈悲暖語來回應它，比如：「願我能學會關心這個傷痛。」

8　完成這個練習之後，休息一下，把過程記錄下來。你的身體有什麼感受、你發現憤怒底下是什麼東西，還有當你試著以悲憫心來回應時，你有什麼感覺。當你持續做這個練習、持續去感受自己的憤怒，你會發現自己慢慢能夠帶著智慧和耐心去看待它了。

57

練習微笑

‧
‧
‧

時間｜10分鐘

　　正念覺察意味著，感受你當下的感覺。不是去逃避或試圖讓痛苦減輕，而是以關心和覺知意識單純地接受它。但這並不表示你必須讓自己一直處在痛苦當中，什麼事也不做。這個簡單的微笑練習，可以讓你的頭腦和身體產生快樂的感受，幫助你紓解一部分痛苦。在這個練習當中，你要正念觀照的是：當你臉上掛著微笑時，你有什麼感覺。

1　閉上眼睛，找到一個舒適的坐姿。如果可以的話，儘量保持脊椎挺直，讓頭腦和身體都處在比較清醒警覺的狀態。

2　把注意力放在你呼吸時的身體感覺上。從腹部開始，感覺呼息時你腹部的起伏。讓身體自己自然地呼吸，不要去控制它。

3　2 分鐘之後，把注意力放在你的胸部。繼續呼吸，感覺胸腔的擴張和收縮。當你發現雜念開始出現，就只要把它拉回來，繼續覺察胸部的起伏就好。同樣做 2 分鐘。

4　現在把注意力放在鼻腔。你可能會感覺到鼻尖、鼻根，或是上唇部位的呼吸氣息。仔細覺察這個部位出入息的微細感覺。

5　把覺知意識輕輕擴大到你的臉部，做一下臉部掃描。從額頭到下巴，仔細覺察這些部位的具體感覺。然後把注意力放在眼睛、嘴巴、下顎、兩頰，以及任何你有感覺的地方。

6　最後，讓自己輕輕露出微笑。你可以回想一件讓你開心的

事情。當你露出微笑，注意你臉部和你的呼吸有什麼感覺。察覺一下呼吸的細微變化、你臉部的肌肉變化，以及任何出現的感覺。

7 你可以嘗試收起微笑，然後再露出微笑，這樣來回重複數次，每一次都仔細去感受你身體出現的感覺變化。

8 完成這個練習之後，張開眼睛，讓微笑停留在臉上一下子。然後讓它自己慢慢自然消逝。

「有時候，你因為開心而微笑，但有的時候，你會因為微笑而開心。」—— 一行禪師

58

手指呼吸法

. . .

時間 ｜ 5 分鐘

　　這個練習是我的太太伊莉莎白介紹給我的。作為一位婚姻與家庭治療師，她也把正念覺察融入到青少年和年輕成人的療程中。雖然她是把這個練習用在年輕族群身上，我發現，這個方法對任何年齡層都非常有用。這個技巧對於穩定、集中，以及鎮靜心念有非常好的效果。

步驟

1　任何時候，只要你希望讓自己進入正念狀態，都可以做這個練習。無論是開車、靜坐、站著，或是走路，都可以練習。

2　首先，將同一隻手的大拇指放在小指的底端。然後，一邊吸氣，一邊慢慢將大拇指往上移動，到達小指指尖。

3　在吸氣與吐氣之間稍微暫停一下，讓拇指指尖和小指指尖輕輕碰在一起。

4　然後，一邊吐氣，一邊輕輕移動大拇指，回到小指底端。

5　重複用這個方法，把其餘三隻手指也做一次。當你做完食指之後，再重新回到小指。

6　你想要做幾次都可以。你可以一次用一隻手，或是兩手同時進行，或是左右手輪流做。當你一邊吸氣、一邊移動拇指時，記得要保持覺知，讓呼吸和你的手部運動同步。

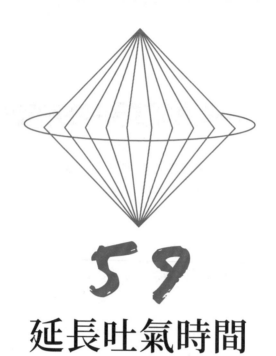

59
延長吐氣時間

· · ·

時間 ┃ 10 分鐘

　　這個練習也是伊莉莎白教我的。從我們身體的呼吸方式，可以清楚顯示我們當下正在經歷的感受。當你感覺焦慮或憤怒，你的呼吸會很淺、很快。當你安靜放鬆，你的呼吸會很緩慢而且深沉。呼吸、身體，以及頭腦心念之間的關係是雙向的，會相互影響。呼吸愈深沉，等於是在告訴你的神經系統，你現在很安心。這個練習牽涉到副交感神經系統，它主要負責我們內在的安心感受、放鬆感，以及舒適自在感。

步驟

1　任何時間你都可以做這個練習。當你覺得焦慮、憤怒，或是
　　出現任何讓你心跳加速的情緒時，做這個練習特別有效。

2　把注意力放在呼吸上。選擇你身體一個部位來專注觀察你
　　的呼吸，腹部和胸腔都很適合這個練習。

3　剛開始 1 分鐘左右，用 3 秒吸氣、4 秒吐氣。儘量在心裡
　　默數秒數。

4　接下來，把呼吸時間加長，吸氣延長為 4 秒，吐氣延長為 5 秒。

5　這樣做 1、2 分鐘，繼續把呼吸時間拉長。用 5 秒吸氣、然後
　　6 秒吐氣。當你呼吸時，同時保持你對身體覺受的感知。

6　上述步驟做完後，把吸氣和吐氣都拉長到你的最大極限。
　　不要強迫自己，但是要鼓勵自己，呼吸的深度再深一點。
　　記得，每次吐氣的時間都要比吸氣時間長。

7　這樣做 10 分鐘後，把呼吸數秒放掉，按照你自己的速度，
　　做幾次深呼吸。然後回到你原本的日常工作中，但是不要
　　讓呼吸一下子回復到變淺變短。

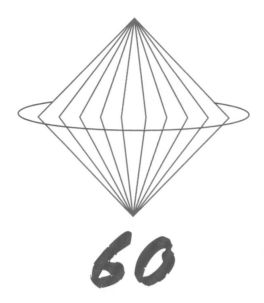

60
以悲憫心面對情緒困境

· · ·

時間 │ 10 分鐘

　　當我們陷入情緒困境，經常會想盡辦法要改變自己的感受，試圖用理智去克服它，或是把注意力轉移到其他地方。這個時候，其實我們真正需要的是，帶著一些耐心和悲憫心，以正念覺察來面對這些情境。允許自己去感受它、看清它，這才是真正關心自己。這個練習會幫助你學習面對情緒困境，而不是把它推開。

步驟

1　當你發現自己陷入情緒困境，就可以做這個練習。也許是一種強烈的情緒反應，比如憤怒；一種心理狀態，比如雜念紛飛；某個外來情境，比如當天工作壓力很大；或是其他情緒困境。

2　當你發現自己處於這種狀態，請讓自己對這個經驗保持覺知。不要把它推開，也不要抗拒，而是要面對它。

3　把你的一隻手放在你的心臟部位。這個動作能夠刺激迷走神經，活化副交感神經系統。

4　承認這個痛苦感受的存在，把手一直放在心臟上，對自己說幾句話。這些話能夠幫助你認清你的困境，真正去面對它，並以慈悲心去回應它：

> 這是一個痛苦（或不舒服、低潮等等）的時刻。
> 我無法規避生命中的一切痛苦。
> 我關心自己的情緒困境。

5　反覆對自己說這些話，心裡面帶著一種對自己的困境充滿慈悲關懷的意念。如果你的頭腦試圖想要去「整治」那個

痛苦的感覺，或是想要去解決問題，就重新回來帶著對自己的悲憫心，複誦這些話語。

6 這樣持續做 10 分鐘，然後把這些話語放掉，手也可以放下來。情緒困境可能不會馬上消失不見，但請記得，你隨時隨地都可以對自己說這些關愛的話語。

61

以溫柔之心待人

·
·
·

時間｜15分鐘

　　人類是社交動物，人與人相處是一件美好的事。但有的時候，人也會彼此傷害，或是碰觸到彼此的底線。我們的心會開始築起一道屏障，用自我封閉來保護自己，以確保自己可以感到安心和快樂。

　　但是除了把自己的心關起來，我們也可以選擇將它打開，然後鍛鍊它，讓它有能力帶著慈悲心來面對那些讓你生氣挫折的人。這是一個關於慈悲心的練習，同時讓你能夠真正面對你所受到的傷害。

1　閉上眼睛，找到一個舒服的靜坐姿勢，把慈悲感受帶到你的頭腦和身體。不要強迫自己，而是允許自己緩慢輕柔地進入當下覺知狀態。

2　心裡面想著一個跟你相處困難的人。如果這是你第一次做這個練習，可以選擇一位挑戰性沒有那麼大的人。可能是對方碰觸到你的底線，或是因為某個原因你跟他處得不好。

3　反思這個事實：這個人也跟你一樣，是感情的動物，他有喜悅、有愛、有懊悔、有悲傷。然後開始觀想這個人，他的臉上帶著微笑。

4　把一些感謝喜悅的話語送給他，記得，做這個練習時，心裡要帶著這樣的意念：你要把自己的心打開，去關心這個人的幸福和快樂。可以試著用以下這些短句：

願你現在快樂。

願你永遠快樂。

願我能為你感到快樂。

5　幾分鐘之後，觀想這個人正在經歷痛苦和懊悔的情緒。當
　　你這樣做時，察覺一下你的心念和身體是不是出現什麼反
　　應。然後開始把一些慈悲話語送給這個痛苦的人。如果你
　　當下無法跟這些話語同感，也沒有關係。盡力就好。

> 願你能擺脫這些痛苦。
> 我了解你的痛苦。
> 我關心你的痛苦。

6　最後，在心裡想著你跟這個人最難相處的地方。當你觀想
　　那個困境時，同時覺察你的心念和頭腦是否出現什麼反
　　應。然後用以下這些慈悲暖語來送給自己，心裡保持這個
　　意念：對自己的不愉快經驗心存慈悲。

> 願我能擺脫這些痛苦。
> 願我清楚看見自己的痛苦。
> 願我對自己心存慈悲。

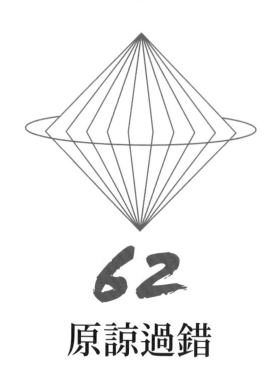

62

原諒過錯

· · ·

時間 │ 15 分鐘

　　怨恨 (resentment) 這個英文字是源自拉丁語。它原本的意思是「再次去感受」(to feel again)。我們每一個人都曾有過怨恨情緒，對過去的傷害緊抓不放。這是非常痛苦的經驗。當你緊緊抓住傷害不放，那個痛苦的感覺就會不斷重複出現。

　　有時候我們可能會覺得，怨恨感可以讓自己將來不再受到傷害。但是，如果你能夠寬恕、原諒，你的心就會多出一些空間，讓愛與慈悲可以在那裡生根。練習寬恕，可以幫助你放下過去的痛苦，讓你的心與意識都得到自由。

步驟

1 找到一個舒服的靜坐冥想姿勢，讓自己的身體開始慢慢升起溫柔的感覺。察覺你的身體上是不是有哪些地方覺得不舒服或是緊繃，試著將它放鬆。

2 心裡面想著一個你怨恨的人。如果你是第一次做這個練習，請不要選擇你對他有強烈恨意的人。一開始先不要挑那麼困難的，先從比較容易的開始。感受你心裡面那個受傷的感覺，以及為什麼你對他有恨意。

3 在心裡升起一個意念，你要培養一顆包容慈悲的心。如果你的心有所抗拒，也好好觀照這個抗拒，不要把它壓下去。給自己一點時間，不要強迫自己。

4 接著開始送出寬恕的話語，盡可能讓自己進入這些話語的感受之中。放慢速度，在心裡默默說出這句話，用你自己的節奏。在每一次吐氣的同時說出這句話，可能會有點幫助，或是間隔一次吐氣的時間說一句，也可以。你可以使用以下這些例句：

我原諒你（或是：此刻我盡我所能試著原諒你）。
　願我釋放掉心中的這份痛苦，讓它自由。

5　這樣持續做 6 或 7 分鐘，然後把這些句子放掉。把注意力放在自己身上，你認知到，你也曾經傷害過別人。你不需要去回想你曾經對別人的傷害，只要承認自己確實也曾為別人帶來難題，無論你是不是有意的。心裡想著一個曾經被你傷害的人。然後開始說出以下這些句子，請這個人原諒你：

> 如果我曾經對你造成任何傷害，請你願諒我。
> 希望你在心裡能夠找到一個空間來原諒我。
> 願你能彼此原諒。

6　這樣做 5 分鐘，然後把注意力拉回到自己的身體上。做幾分鐘深呼吸，把覺知意識全部放在呼吸上，然後張開眼睛。

安心與寬恕

　　在做寬恕練習時，你可能會覺得自己這樣很弱，而且將來可能會因此受傷。請記得，寬恕不是要你接受某人回到你的生活中，讓他們再次傷害你，或是覺得別人可以來傷害你也沒關係。並不是這樣。你可以放下怨恨，同時保有自己的界線。寬恕的心是出於對自己慈悲關心而設定界線，而充滿怨恨的心則是出於恐懼而設定邊界。

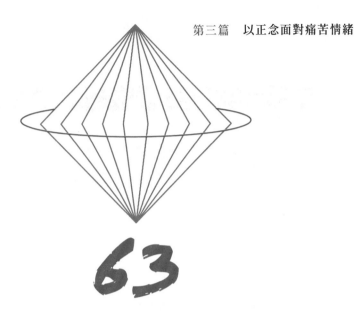

63

RAIN：認明、接受、
探究、滋養

時間 | **20 分鐘**

　　我不確定這個方法最早是源自哪裡，但我是在參加心理
學家兼禪修老師塔拉·布拉克的教師訓練課程當中學到的。
RAIN 是「認明 (Recognize)、接受 (Allow or Accept)、探究
(Investigate)、滋養 (Nourish)」這四階段的縮寫。這是我個人
平常習慣做的練習之一。你可以把它運用在任何情境，把它當
作一個獨立的冥想練習，然後將它輕鬆運用於日常生活中。在
你面對情緒和思想的困境時，這個練習特別有用。

1 找一個舒服的靜坐姿勢，把覺知意識帶到當下。閉上眼睛，給自己 1、2 分鐘，專心去覺察你所聽到的聲音、身體的所有感覺，以及你頭腦裡出現的念頭。

2 心裡想一個你所遇到的困境或難以化解的情緒，從第一步「認明」開始。認明此刻你內心升起的念頭、你身體上出現的各種覺受，以及你內心裡面經常聽到的批評聲音。花幾分鐘時間認明這個困境的存在，感受一下這個困境用了哪些不同的方式出現。

3 接著進入下一階段：允許或接受。頭腦的慣性是排斥不愉快的情緒，但這個時候，我們要練習允許它存在。你可以試著用一些簡短的話語來提升自己的接納度和平等心，比如：「這就是我現在的狀況。」持續做接納練習 5 分鐘，如果發現你的頭腦又開始排斥這個不愉快經驗，就重新把它拉回來。

4 現在，開始更深入去探究。在 RAIN 的第一個階段你已經認明了自己的情緒，在「探究」這個步驟，你要做的是儘量發揮你的好奇心。問問自己，你覺得哪裡受傷？這個情緒帶給你什麼好處嗎？你是否相信自己能夠擺脫這個痛苦？

5 最後 5 分鐘，帶著悲憫心來滋養自己。當你帶著覺知意識去面對自己的痛苦，而不是否認它的存在，你就等於是在練習培養慈悲心。總之，儘量試著用慈悲的話語來送給自己，然後打開你的心。

不把情緒當成我：RAIN 最後一個步驟的 N，也有人把它定義為「不把情緒當成我」(Non-identification)。雖然這個定義沒有像「滋養」那麼觸動人心，但一樣是非常有力量的一個修持法。你可以依照上面講解的步驟來練習，但在結束前，可以再加入一個「放下」的練習。你知道，那個思想念頭或是情緒經驗都不等於「你」這個人，甚至也不是「你的」。它只是一個無常變動的過程，跟所有的經驗一樣，升起又消逝，來了又去。所以，放手讓它走吧。

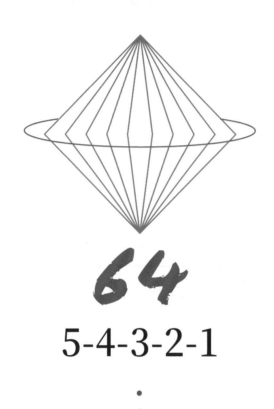

64

5-4-3-2-1

⋮

時間 │ 5 分鐘

　　痛苦情緒非常強烈時，你整個人可能會完全深陷其中，牢牢被它抓住。正念練習可以幫助你有效面對這種情況。當你察覺到自己出現強烈情緒，就可以用這個練習讓自己回到此時此地。只需要幾分鐘，你就能回到當下覺知狀態。

步驟

1　眼睛保持張開，選擇你看到的五樣東西。你可以大聲唸出它們的名稱，或是在心裡默唸也可以。就你所看到的這五樣東西，每一樣都停下來全心全意去觀看。

2　接下來，覺察你身體上的四種感官覺受。大聲唸出來或是默唸都可以，把你的注意力全部放在每一種感覺上，各做幾次深呼吸。

3　把你耳朵現在聽到的三種聲音說出來。儘量選擇三種完全不同的聲音，不要同一種聲音說三次。

4　說出你現在聞到的兩種氣味。如果這個時候沒有兩種氣味，你可以隨意走到別的地方，更靠近某樣東西去聞聞它的氣味。

5　最後，說出你嘴巴現在嚐到的一種味道。可能是剛剛吃過的飯菜留下來的味道、你的牙膏味，或是你自己呼吸的味道。如果這個時候你什麼味道都嚐不出來，那就說出一個你喜歡的味道。

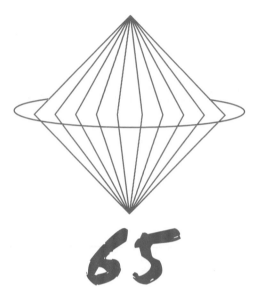

65

你有能力應付情緒

· · ·

時間 | 10 分鐘

其實，你應付情緒的能力，比你自己所想的還要強。或許有時你會被情緒打敗，但情緒總是會過去，你也總是能度過艱難時刻。在陷入情緒低潮時練習保持正念，就能鍛鍊自己的韌性，幫助自己度過難關。清楚看見自己有能力面對困難處境，你就能訓練你的心，知道自己絕對沒問題。

步驟

1　閉上眼睛，調整到一個你覺得舒服的姿勢。讓你的身體穩固扎根，感覺雙腳穩穩地踩在地板上，或是身體穩穩坐在椅子或坐墊上，並察覺呼吸出入息的起伏。

2　在心裡回想你最近經歷過的一個情緒困境。不要沉溺於那個事件，而是把焦點放在感受上。你可以從身體感受去察覺它。當這個情緒重現時，你的身體有什麼感覺出現？

3　感受你身體現在出現的情緒覺受，覺察一下，你有沒有辦法跟這個情緒共處。是覺得不堪負荷或無法應付嗎？問自己，在當下這一刻，你是不是有能力應付這個情緒。繼續把注意力放在身體的感受經驗上，檢查一下，你此刻是否有能力讓自己與它共處。

4　幾分鐘後，把注意力移到頭腦意識和心理狀態。當這個情緒出現，你的頭腦在做什麼？察覺你所升起的念頭以及你心裡的整體感受。再一次問自己，這些升起的東西是否太過沉重，讓你無法應付。

5 最後 2 分鐘，反思你這一生經歷過的痛苦和艱難困境。透過一些小挫折以及較大的悲痛經歷，今天，你走到了這裡。你知道，你與生俱來就擁有韌性和適應力，永遠記得，你確實是有辦法面對困難情緒的。

66
糟糕的一天

時間｜**15 分鐘**

　　我們每一個人都有過那樣的經驗，覺得自己似乎做什麼都不順、什麼都不對勁。你可能覺得全身都不舒服、心情非常疲累、生活的責任壓得你喘不過氣。你可能會把它貼上「非常糟糕的一天」這種標籤，但其實這並不見得正確，因為沒有一個日子會是百分之百的糟糕；不管怎樣還是會有一些好的事情，無論那件好事有多麼微不足道。你可以鍛鍊你的頭腦，讓它可以清楚認知到，好與壞是並存的，這樣你就能清楚看到，就算再糟糕的日子，也有令人愉快的微小時刻，而且，無論是美好或是糟糕，沒有一樣東西是永久不變的。當你感覺痛苦的時候，就能夠以慈悲心來回應它，重寫你這一天的故事。

1 在你感覺非常糟糕的日子做這個練習，效果會很顯著。找一個安靜的地方，給自己幾分鐘，靜靜坐著。

2 閉上眼睛，把注意力放在你的身體。感覺自己靜靜坐著不動，感覺你的身體跟椅子或坐墊的緊密接觸，還有身體隨著呼吸出入息起伏的動作。

3 回想今天你所遇到的烏煙瘴氣的鳥事。可以是一件具體的事情、一個總體感受，或是你腦海裡自然浮現的任何事情。

4 當那個「今天真是糟糕」的感覺出現時，把注意力放在那個經驗的感覺上。察覺一下，你的身體是否出現什麼感覺，或是有任何念頭浮現上來。不用把這兩者拆開，而是直接去感受整件事情和情緒。問自己，這麼糟糕的一天給你什麼感覺。

5 覺察這個感受，然後送給自己一些慈悲暖語。繼續保持對你身體和頭腦的覺知，然後一邊在心裡默默這樣告訴自己：

這是一個痛苦（或艱難、不舒服、困擾）的時刻。
願我帶著慈悲的覺知來承受這個痛苦。

6　用 5 分鐘時間，把慈悲暖語送給自己，然後把這些句子放掉。在心裡回想今天讓你感到愉快的時刻。看你是不是找得到，有那麼一個片刻，你沒有被那些痛苦或不舒服的情緒所籠罩。也許是你剛剛起床的時候，或是你跟某個朋友或同事聊得很愉快，或是你在吃午餐，總之就是你沒有把注意力放在痛苦感受的那些時刻。

7　如果有想到，感受一下那個經驗給你什麼感覺。從這裡你可以知道，就算你這一天過得很糟糕，還是有一個片刻，你是完全擺脫那個痛苦的。把這句簡單的話送給自己：「願我能衷心感謝這愉快的一刻。」

8　繼續回想在這一天當中，你所經驗到的其他讓你覺得滿足的時刻。每想到一件事，就做幾次深呼吸，好好與它共處，然後重複上面那個感恩的句子。如果真的找不到什麼快樂的時刻，那就試著找找這一天當中不好也不壞的中性感覺時刻。

9　完成這個練習後，花一分鐘來回顧你的這一整天。不用否認你覺得這一天很糟糕，但同時你也清楚知道，你並不是一整天時時刻刻都不愉快。讓自己去感受這個事實：有很多時候，你還是感覺愉快的，或是感覺不好也不壞。

67
喜歡自己

．
．
．

時間｜10 分鐘

　　我們對自己常常都沒有好話。你會不斷打擊自己,用不符現實的標準來批判自己,老是把焦點放在自己應該要怎樣做才會更好。正念練習可以讓我們去聆聽這個內在聲音,釐清這些思緒。

　　你也可以學習去看看你認為自己好的部分,就算不是那麼顯而易見,總還是有自我欣賞的東西。在這個練習裡面,你將透過自我覺察,更全面來看清楚你是誰。

步驟

1　閉上眼睛，找到一個舒服的坐姿。把注意力放在身體呼吸上，比如胸部、腹部，或是鼻孔。剛開始幾分鐘，藉由專注呼吸，讓頭腦慢慢安靜下來。

2　當頭腦安定下來，開始試著回想，你對自己的欣賞感激之處。從身體開始，問自己，你喜歡自己身體的哪一部分，停下來感謝它。可以是具體的外部特徵，比如頭髮或皮膚；或是體能，比如力氣很大、身體很有彈性。當你想到了，就跟那個部分連結，做幾次深呼吸，仔細感受那個部分。

3　身體的部分進行 1、2 分鐘，然後換成頭腦意識。檢視你的大腦和情緒經驗的品質。問自己，對於自己的大腦、知識體悟、人格個性，你最欣賞哪個部分。想到之後，同樣停下來感謝欣賞它。

4　最後的幾分鐘，把注意力放在五種感官上：視覺、嗅覺、味覺、聽覺、觸覺。一一檢視這五種感官，想想這些感官曾經帶給你什麼樣美好愉快的經驗。比如說，你的聽覺讓你可以聽見你所愛的人的說話聲音。觸覺讓你可以感受擁抱的溫馨。感受這五種感官帶給你的禮物，然後對它們表達感謝。

知道你心裡有個批評大師

　　無論是做這個練習時，或者在你日常生活中，你可能會注意到你內心有個批評家，一直在背後對你當下的經驗發表意見。請記得，你不必相信你的每一個念頭，當你愈能把這個背後的批評聲音帶到陽光下，它的力道就愈會被削弱。試著對這個聲音表達感謝，然後放它走。不要用力把它推開，而是讓它自然升起、自然消逝。對這些念頭的升起正念分明，然後感謝自己，你對自己的思想模式已經日漸熟悉。

68

認明你的需求

．
．
．

時間 ｜ **15 分鐘**

　　當你開始練習以正念覺察自己的當下經驗，你可能會發現
到自己的困境和掙扎。正念覺察的其中一部分就是，在這樣的
時刻，也了了分明自己的需求是什麼。我希望你用一種能夠為
你自己帶來幸福和自由的方式去回應它，而不是讓你的痛苦繼
續存在。這個練習會提供你一個具體的方法，停下來檢視你在
某些時候當下的需求。

1 如果可以的話，請採取脊椎挺直的坐姿，輕輕閉上眼睛。在做這個練習時，剛開始幾分鐘最好先做專注練習，讓自己真正靜下心來。找一個身體部位，你可以具體感受到呼吸的起伏，把注意力放在呼吸上，持續幾分鐘。

2 回想最近你遇到的難題，或是覺得痛苦的狀況。不用想得太深入，只要回想這個狀況中你的感受是什麼就好。

3 在你的頭腦意識當中重現這個記憶和經驗，問自己，那時候的你，需要的是什麼。請聚焦在情感需要上，比如：悲憫心、他人的理解、洞見領悟等等。對於這個難題，你覺得什麼東西可以幫助你？當你看到自己的需求出現，請對自己說：「我需要 _____。」繼續去感受，是不是還有其他的需求，然後停下來一一認明它。

4 5分鐘後，把覺知意識放在當下經驗。避免長篇故事和理想目標，只要問自己，你現在需要什麼。「要把事情搞定」、「把工作完成」，以及「讓別人開心」等等這些想法，請全部丟掉。專注於你自己內心更深的需求，比如你需要關心自己、需要更有耐心，當下此刻你內心真正需要的東西。

5 結束這個練習，然後反思，你是否有能力滿足自己的這些需要。現在的你可以做些什麼事情來滿足這些需求嗎？哪些需求是你現在做不到的？給自己一點關心、悲憫，以及耐心。

69
自我支持

·
·
·

時間 ｜ 15 分鐘

　　由於我們的頭腦和身體會相互暗示、彼此影響，因此我們可以運用自己的雙手來讓自己進入輕鬆安心的狀態。這個練習是我從南希·納皮爾 (Nancy Napier) 那裡學到的，她是一位頂尖的心理治療師，多年來一直從事創傷治療工作。這個練習的基本論述是，人的身體對觸摸會有反應，觸摸可以改變神經系統的活動。我會建議你先把這些練習用在自己身上，熟練之後再把它們應用到日常生活中，當你需要讓自己平靜下來時，這是非常有效的方法。

步驟

1　找一個舒服的坐姿，閉上眼睛。把氣從鼻孔深深吸進來，
　　把肺部吸滿，然後吐氣，把氣吐乾淨。重複這個深呼吸的
　　動作一分鐘。

2　花幾分鐘時間，把覺知意識帶到身體當下的感覺。不需要
　　任何改變或調整，只要單純觀照當下感受就好。注意你身
　　體上所有的感官覺受，以及哪些部位讓你有這些感覺。試
　　著不要用頭腦去想，而是把全部的注意力放在身體上。

3　接著，把其中一隻手放在另一隻手臂的頂端、靠近肩膀的部
　　分，用這個動作來給自己支持。把你的手輕柔地放在這裡，
　　心裡升起一個意念告訴自己，你全力給自己支持。這是人的
　　身體上的一個支持部位。讓自己去感受你給予自己的關愛和
　　支持。同時去感受你的頭腦或身體當下的輕鬆狀態。

4　這樣做幾分鐘之後，把這隻手放下來。做幾次深呼吸，然
　　後把這隻手放在後腦勺的脊椎和顱骨交接處。這個部位也
　　是我們在抱嬰兒時會用手托住嬰兒頭部的地方，它可以帶
　　給我們安全感和放鬆感。把手輕柔地放在這裡，讓身體感
　　覺安心和舒適。

5　幾分鐘之後，把手移到胸部正中央。這個動作可以刺激迷走神經、分泌催產素 (oxytocin)，活絡副交感神經系統。把你的手放在這裡，感受你對自己的關愛和照顧，讓身體和頭腦同時放鬆下來。

6　手放在胸口幾分鐘後，把手放下來，完全放鬆。做幾次深呼吸，讓頭腦和身體都處於完全放鬆狀態，然後就可以張開眼睛。

將此練習應用到生活中：無論任何時候，當你在平常生活中面對到困難情境時，都可以隨時做這個練習，可以只做其中任何一部分就好。尤其當你感覺情緒特別高漲，比如心情焦慮、壓力很大、憤怒或是其他強烈情緒，這個練習非常有用。帶著正念，透過這些自我關愛悲憫的動作，你就有辦法面對艱難情境。只要花幾分鐘，把手放在另一隻手的上臂，心裡帶著自我支持的意念，試試看。

70
骨盆觀想法

時間│10分鐘

　　讓雜念紛飛的頭腦平靜下來有很多方法。這個練習是我自己在情緒壓力過重時，經常用來鬆弛身心的方法之一。一天當中的任何時間，你都可以單獨做這個練習，把覺知意識拉回到身體上，或是在你要靜坐冥想之前，先做這個練習，讓自己可以靜下心來。

1　坐下來，閉上眼睛，儘量保持脊椎挺直。利用呼吸出入息
　　來提升你的覺知意識；吸氣時，把氣吸到脊椎上部，吐氣
　　時，把氣全部吐掉，肩膀往下鬆垂，下巴放鬆，腹部變得
　　鬆軟。

2　像這樣連續吸氣吐氣 1、2 分鐘，把注意力放在骨盆腔和
　　屁股部位。觀想你身體的這個部位像一個大碗。吐氣時，
　　讓你身體全部的氣慢慢往下落入這個碗中。感覺這個碗
　　穩穩地安坐在椅子或坐墊上，讓身體完全沉入這個大碗
　　當中。

3　繼續把注意力放在骨盆，讓身體徹底放鬆。類似第 65 頁
　　練習 12「對自己慈悲」，你可以把身體觀想成一個玻璃雪
　　球。被搖晃過的雪球，需要一點時間和耐心才能讓每一片
　　雪花落到地面。當你坐定之後，你也要帶著耐心的覺知意
　　識，允許你的身體自然放鬆和安靜。隨著每一次呼吸，都
　　讓身體變得愈來愈鬆柔。

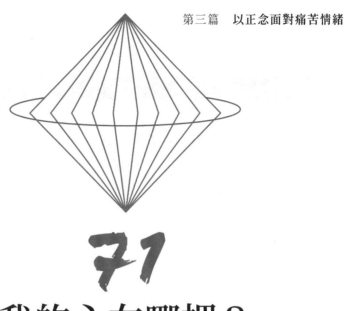

71

我的心在哪裡？

時間 | 15 分鐘

　　只要清醒地觀照你的心念，你自然就能夠擺脫雜念紛飛的情況。當你觀自己的念頭，自然而然就跟它們分離開來了，因為你會發現，念頭經常是自己升起的。只要保持觀照，你就不太可能被每一個念頭吸進去。你會清楚覺察每一個個別念頭，觀照整體精神狀態，或者你的心在某個特定時刻有多麼興奮或多麼鬱悶。

　　這個練習是從另一個角度來讓你了解你的思想心念。這個練習會用到簡單的「標記練習」，來檢視當念頭升起時，你的心到底在哪裡。這個練習不是要讓我們去關注念頭本身的內容，而是去觀照它們的整體狀態。

1　閉上眼睛，調整你的身體，找到一個舒服而且可以維持較久的姿勢。由於你現在要來觀你的念頭，如果一開始先做5分鐘的專注力練習，會很有幫助。選擇身體呼吸比較明顯的部位，把注意力放在這裡，覺察你的呼吸。當心念開始亂飄，只要重新把它拉回到呼吸上就好。

2　把覺知意識擴大到你的頭腦和心念升起的過程。用呼吸作為定錨，保持對呼吸出入息的覺知，同時去察覺是否有念頭出現。當你注意到有念頭升起，就把它的內容簡單標記下來。不用去細究那個念頭的內容，只要標記它是在自我反省、是在解決問題、是純粹幻想，或是其他思考模式，這樣就夠了。

3　當你察覺你正在思考，就標記「思考」，然後重新回到呼吸上。保持耐心，觀照身體的呼吸起伏部位，等待另一個念頭升起，然後同樣的，標記這個念頭大致上是什麼，不要深入去探究它的細節，或是讓自己整個被它吸走。

4　這樣做5分鐘左右，就可以再加入另一個部分。標記這個念頭是關於過去、現在，還是未來。不要幫它貼上好壞對錯的標籤，只要標記下來，你的心現在在哪裡，這樣就好。

5　完成這個練習之後，試著保留一點點這種對於當下心念的
　覺察力。然後繼續你手邊原本在進行的日常庶務，當你的
　心念開始散亂時，你也了了分明。試著標記下來，這時候
　你的心在哪裡。

72
對你的念頭仁慈

．
．
．

時間｜15 分鐘

你可能會發現，你好像沒辦法用仁慈和溫柔去對待你的心和念頭。傳統上，慈悲心都是拿來對人（即使那個人是你自己），但其實你也可以用相同的情感來對待你的心念。透過這個練習，你能學到更加接納你的頭腦雜念，這樣你就會看得更加清晰透澈，不會被每一個雜念所困擾。

步驟

1　找一個可以讓你保持正念的坐姿。聆聽你的身體，然後做一些調整，找到一個你覺得舒服的姿勢。

2　跟前面幾個練習一樣，一開始可以先做幾分鐘的專注練習。把你的注意力放在身體呼吸上，讓你的頭腦慢慢專注於當下。

3　對所有念頭保持開放。用呼吸當作你的定錨，當念頭升起時，了了分明。你可以把它的大致內容標記下來，但重點要放在，以仁慈之心去對待它。無論這個念頭是愉快或不愉快，或者不好也不壞，都試著用一點耐心去對待它。

4　當你發現一個雜念升起，請對你的頭腦和雜念說一句慈悲暖語。比如以下這些句子：

願我輕鬆對待我的頭腦心念。

願我輕鬆對待這個雜念。

那顆正在思考的心，也是溫柔的心。

5　一遍又一遍重複這些話語，讓自己有辦法保持這個意念，對你的念頭仁慈。當你的心開始散亂，只要重新回到呼吸

上，去觀照念頭的升起。然後溫柔地對它說話，提醒自己對念頭仁慈。你甚至可以對那個散亂本身，也一樣送它一句充滿慈悲的話語。

6 完成這個練習之後，稍微用一點點作意，把它帶到你的平常生活中。當你在排隊時、走路去停車場開車時，或是檢查電子郵件時，都可以停下來，對你的心和雜念說幾句充滿慈悲的話語。

73
堅強的你

時間 | **10 分鐘**

曾經有好幾年時間，我住的地方附近有一棟建築，外牆滿滿都是洛杉磯街頭藝術家雀斯的畫作。他的很多作品上經常出現一句標語：「記得你是誰」，這是一句非常美好的提醒，希望我們每一個人不管人生遭遇任何經歷，都不要忘記自己是誰。每一天，我散步經過那棟塗滿畫作的建築，我就重新提醒自己一次。

這個練習可以讓我們學到重新連結內在自我的方法。雖然這不屬於傳統的正念修習法，你還是可以用它來提醒自己你是誰，尤其在你忘記的時候。

1 找到一個舒服的坐姿，閉上眼睛，做幾次鼻腔出入息深呼吸。

2 觀想你現在遇到某個困難。可能是未來某件事情讓你感到
害怕或擔憂，或是你最近剛發生過一件不好的事。腦中觀
想這件事，去感受你在那當下可能有的恐懼或厭惡情緒。
也許你想要求加薪、想要跟你的愛人做困難度較高的溝
通，或是即將到來的一個機會讓你有點擔憂。

3 不需要在腦中播放整個故事，只要問自己，最堅強的那個
你會怎麼應付這個情況。觀想那個最堅強的自己，帶著仁
慈、關懷、正念、耐心，以及智慧在處理這個困境。

4 當你在頭腦中把這個情境視覺化的同時，撥出一部分心力
去覺察你內在那股堅強的力量。去感受你自己的強悍和自
信。當你開始自我懷疑，就回到那個堅強的你。內心重新
升起一個意念：你要用智慧和慈悲面對這些困難。

5 你可以在腦中重複觀想同一件事，也可以針對不同事件或
情境來觀想。繼續跟你內在的這份堅強力量連結。觀想時，
當你發現自己感覺焦慮或憂慮時，請記得深呼吸。

6　完成這個練習之後，可以試著把你經驗到的寫下來。書寫
　　可以讓你清楚看到自己的堅強，也幫助你看清你有能力面
　　對這些痛苦的經驗。

展現你的堅強：當事情真的來了，該面對的時候，想想你
是誰。花一點時間重新連結那個堅強的你。你可以閉上眼
睛，快速進入觀想狀態，與正念、慈悲、智慧連結。提醒
自己，你有能力以智慧面對這件事。

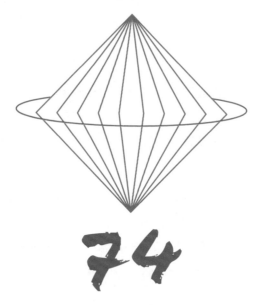

74

給你的痛苦感一點空間

· · ·

時間 | 10 分鐘

　　當你遇到不舒服的狀況，整個人會變得很緊，那是正常的，因為你想讓自己去除掉那些不愉快的感覺。但現在你可以不要讓自己變得那麼緊，你可以給那個痛苦感一點空間。接受它，帶著關懷的心情去面對它，你有力量重新鍛鍊你的心。這樣做的好處是，你會培養出一種「非反射反應」的覺知力。面對每一個挑戰，你可以不再被它操控，你會有能力如實觀照它、允許它存在，然後繼續向前。

步驟

1 做這個練習，你需要找一個舒服的姿勢。坐著或躺下來都可以。

2 給自己幾分鐘時間靜下心來。深呼吸，讓頭腦和身體隨著每一次吐氣慢慢放鬆。不要假裝自己沒有不愉快，只要讓自己靜下心來就好。

3 把注意力放在你現在的痛苦情緒。不要掉進故事當中。單純地覺察你的頭腦和身體現在的感受。問問它是不是感覺悲傷、恐懼、挫折、失望。覺察你所感受到的一切。

4 現在，開始給這個情緒一個空間，送給它一些慈悲的話語。記得，你的意圖是去關懷這個痛苦，而不是把它推開。把以下這些話語送給這個痛苦或困難情境：

你在這裡是受到歡迎的。

這個空間是給你的。

願我帶著慈悲心來接受你。

5 繼續對它說慈悲的話語，大約 5 分鐘，與你的意圖保持連結，讓自己保持一顆開放和充滿關懷的心。

6 完成之後，讓注意力回到呼吸上，做 1、2 分鐘深呼吸。每一次吐氣，都讓身體更加鬆柔。肩膀完全放鬆下來，下巴也放鬆，整個腹部肌肉都感覺非常鬆軟。

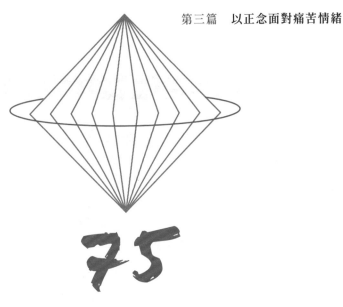

放下整治的企圖

時間｜10分鐘

　　當我們心有不滿，我們的慣性反應就是想要去修正它。你的頭腦會快迅速進入「整治」模式。這樣做的結果常常是，我們的思考停不下來，卻完全無助於解決問題。雖然反省和設定目標很有用，但是對於你所固執的東西，那些都沒有用武之地。

　　這個練習可以讓你學到如何處理這個「想要整治」的思維模式。你可以在平常靜坐冥想時練習，然後在平常生活中，當你發現你的心思卡在想要解決問題的無止境循環時，把它拿出來應用。

1　儘量坐直，讓頭腦和身體保持在警醒狀態。做幾次深呼吸，讓身體清醒有精神。

2　開始覺察你的念頭思緒。你現在想要解決的問題是什麼？是什麼特別的事情，讓你想要去找出答案或整治它？關注那個問題本身，而不是你對它的想法。試著去釐清那個問題到底是什麼，不要把焦點放在解決問題上。

3　腦中想著「這個問題」，觀察自己，是不是對它感覺不舒服。是不是有一些未知的恐懼、不安、或者你正在打算些什麼事情。不管你經驗到什麼，都帶著溫柔的覺知去觀照它。不需要評斷自己、鞭打自己，或是急著想要去整治。只要跟那個不舒服的感覺在一起。

4　當你能夠純然觀照那個想要被解決的問題，開始去感受自己的頭腦和身體有什麼感覺。你的身體是不是很緊繃？察覺那個緊繃感所在的部位。當你發覺你的頭腦急著想要去整治這個不舒服感時，對自己說：「整治」。

5　心裡帶著這樣的意念，你要以耐心去面對自己的經驗，然後把這些正念關懷的句子送給自己：

我看到這個不舒服。

頭腦想要去整治它。

願我能跟這個問題共處。

6　結束這個冥想之前，花一分鐘問問自己，接下來你該怎麼
　　做。不需要有清楚的步驟或計畫，只要提出一個最簡單的
　　解決方法就行了。舉例來說，假如你擔心帳單的問題，你
　　知道可能需要多存一點錢。只要想一個最簡單的方法，不
　　要讓自己陷入事件當中。

致謝

　　這本書的靈感是來自我個人的修行經驗，以及多年來教導和支持過我修行的多位老師。首先，我最要感謝的是我的妻子伊莉莎白，她在我寫作這本書時無私奉獻，給予我許多支持，也是我持續深入修行的動力來源。

　　感謝所有在我年輕時代鼓勵我修行，見證我一路從困境走出來的人們。我永遠感謝我的父母親和我的兩位姊姊，他們在我無法愛自己的時候，依然深愛著我。

　　感謝我生命中數不清的老師們，特別是理查‧波爾 (Richard Burr)、諾亞‧萊文 (Noah Levine)、凱文‧格里芬，以及坦尼沙羅比丘。感謝你們一直在修行路上為我指點迷津，幫助我持續向上精進。

　　感謝一心佛法靜修中心的所有成員，你們幫助我修行，給予我一個共修環境。每一天，你們都用愛填滿我的心，用智慧充實我的靈。

　　最後，我要向那些在我最初踏上修行之路時，用愛緊握過我的手的人表達深深的謝意：渥吉，你總是知道何時該用愛督促我前進，並教導我成為一個真正成熟的大人；傑克，你為我所做的一切超越愛與慈悲。如果沒有你們，就沒有現在的我，我知道你們一直都是最先讀到這本書的人。

關於作者

　　馬修·索科洛夫 (Matthew Sockolov) 是居住於加州佩塔魯瑪的冥想指導老師，也是「一心佛法禪修中心」的創辦人，目前在該中心帶領冥想團體，並於美國各地進行一對一禪修教學，幫助學員深入個人修行。多年來，他協助成癮者、青少年，以及來到共修團體的人學習正念。馬修曾在加州靈石靜心中心 (Spirit Rock Insight Meditation Center) 受訓成為合格禪修教師，親近多位南傳上座部佛教導師，學習傳統靜坐開悟法門。曾受教於凱文·格里芬 (Kevin Griffin)、坦尼沙羅比丘 (Thanissaro Bhikkhu)，並在「對抗主流禪修中心」學習禪法靜坐。馬修目前與妻子伊莉莎白定居於北加州，教導人們學習靜坐冥想，喜歡從事戶外活動，在家裡逗貓貓、狗狗和養雞。相關網站有：MattSock.com 以及 OneMindDharma.com。

PRACTICING MINDFULNESS:
75 ESSENTIAL MEDITATIONS TO REDUCE STRESS,
IMPROVE MENTAL HEALTH, AND FIND PEACE IN THE EVERYDAY
by Matthew Sockolov
Text © 2018 Callisto Media, Inc..
All rights reserved.
First published in English by Rockridge Press, an imprint of Callisto Media, Inc.
Chinese complex translation copyright O Maple House Cultural Publishing, 2021
Published by arrangement with Callisto Media Inc
through LEE's Literary Agency

正念練習

出　　　　版／楓書坊文化出版社
地　　　　址／新北市板橋區信義路163巷3號10樓
郵 政 劃 撥／19907596　楓書坊文化出版社
網　　　　址／www.maplebook.com.tw
電　　　　話／02-2957-6096
傳　　　　真／02-2957-6435
作　　　　者／馬修‧索科洛夫
譯　　　　者／黃春華
企 劃 編 輯／陳依萱
校　　　　對／黃薇霓
港 澳 經 銷／泛華發行代理有限公司
定　　　　價／380元
初 版 日 期／2021年6月

國家圖書館出版品預行編目資料

正念練習／馬修‧索科洛夫作；黃春華譯.
-- 初版. -- 新北市：楓書坊文化出版社,
2021.06　面；公分

ISBN 978-986-377-677-2（平裝）

1. 佛教修持　2. 禪定

225.72　　　　　　　　110005462